お金がお金を生み続ける
すごい仕組み

年間100万円の配当金が入ってくる最高の株式投資

1 Million Yen Per Year

Dividend Money

Best Stock Investments

配《はい》当《とう》太《た》郎《ろう》
HAITO TARO

CROSSMEDIA PUBLISHING

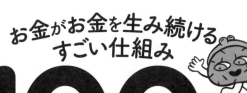

はじめに

株式投資で痛い目を見た人が配当株投資を始める理由

日本人の平均年収は、この30年間、ほとんど上がっていません。

バブル崩壊以降、日本人の賃金や生産性は先進国の中で最低レベルとなっていますから、日本が世界第3位の経済大国であることなど、ほとんどの人が忘れてしまったように感じています。

30年間も賃金が上がっていないため、最近は20～40代の現役世代を中心として、日本人の間で「投資熱」が高まっているといわれます。

若い世代の人は生活防衛のための手段として、中高年の方々は老後を安心して過ごすために、株式投資に注目しているようです。

この本を手に取ってくださった方も、ほとんどが次の5つのどれかに当てはまるのではないでしょうか？

①これから株式投資を始めたい
②着実に資産を増やせる投資法を探している
③株式投資で痛い目を見たので再挑戦したい
④年金や貯蓄だけでは老後の生活が不安
⑤給料の他に安定した収入源が欲しい

本書で紹介する「配当株投資」は、こうした人にこそ、適した投資法だと思います。

逆の見方をすれば、**この5つが配当株投資の最大の持ち味**ということができます。

配当株投資とは、株を保有していることで、その**企業が利益の中から株主に分配する「配当金」によって利益を得る**……という投資法です。

この本では、配当金を主な目的とした株式投資を「配当株投資」と称しています。

株式投資というと、切った張ったの派手なマネーゲームを連想する人もいるかもしれませんが、配当株投資はそうしたギャンブル的な要素とは無縁な存在です。

10万円を投資しても、それが明日には100万円に化けることは期待できませんが、着実に配当金を積み上げていけば、やがて毎年100万円の利益を手にする日がやってきます。

その間、株価の動向に一喜一憂する必要はなく、仕事の合い間などに忙《せわ》しなく株を売買する必要もないのが、この配当株投資の一番の利点です。

稼ぐ力があり、株主に対してきちんと利益を還元する企業に投資して、配当金が積み上がっていくのを淡々と楽しむ……。

これが配当株投資の本質であり、**無謀な株の売り買いを繰り返さなくても、十分に恩恵を受けることができる**のです。

私は現在、ツイッターで「配当株投資」の魅力を発信し続けていますが、2021年2月から始めて、およそ2年の間にフォロワー数は7万5000を超えています。

ツイッターを始めた動機は「なぜ、これほど魅力的な配当株投資を、多くの人が注目しないのだろう？」という素朴な疑問を持ったことが出発点ですが、私が授《さず》かった配当株投資の数々の恩恵に対しての「恩返し」の気持ちもあります。

私がこの本の執筆を決めた理由は、もっと詳しく、もっと深く、もっと幅広い世代の人たちに、配当株投資の魅力をお伝えしたいと考えたからです。

リーマン・ショックに直撃されて配当株投資の底力を認識

私がなぜ、配当株投資と真剣に向き合うようになったのか？

その経緯をお伝えすることで、配当株投資が持つ「ポテンシャル」（潜在能力）の高さや「底力」の一端をご理解いただけると思います。

私が初めて証券会社に自分の口座を開いたのは２００６年の夏ですから、16年ほど前のことになります。

子供の頃から、お金を貯めたりするのが好きだったこともありますが、その当時は「村上ファンド」の村上世彰さんや「ライブドア」の堀江貴文さんがメディアを騒然とさせていた時代ですから、ごく自然に株式投資に目が向いたのだと思います。

その頃は学生だったので、単純に「株を持っていれば、テレビ局が買えちゃうのか!?」という程度の認識しかなく、「何だかよくわからないけど、株って凄いんだな」と思うようになって、株式投資のイロハを学び始めました。

世の中に、預貯金の他にお金を増やす方法があることを初めて知って、「何だか面白そうだな」という好奇心だけで株式投資を始めたという感じです。

運がよかったのは、「ライブドア・ショック」の後遺症によって、株価が底をついた時期だったことです。

あまり深く考えずに、話題になっている銘柄を適当に選んで売買していたら、**わずか1カ月くらいで、すぐに利益が積み上がりました。**

利益といっても、100万円くらいの話ですが、まだ10代の学生にとっては、十分すぎるほどの大金です。

「株式投資というのは、自分に合っているのかな?」

勝手に舞い上がって、軽く浮かれたような気分になっていました。

このまま株式投資を続けていけば、簡単に1億円くらい手に入るのではないか……と思い始めた矢先に、リーマン・ショックに直撃されて、見事に奈落の底に突き落とされました。

株式投資を始めて3年目の2008年の9～10月のことです。

私の持っている株も、軒並み大幅な値下がりをしていましたから、本当に目の前が真っ暗になるような絶望感を味わいました。

この地獄を体験したことで、初めて配当株投資を意識するようになりました。

その当時、日経平均株価はバブル後を下回る26年ぶりの安値水準を記録しましたが、そんな状況であっても、着実に黒字を出している企業があり、**数千円とか、数万円の配当金が入って**きました。

「地獄に仏」といったら大げさですが、これにはすごく助けられました。

金銭的にも心理的にもドン底に突き落とされた状態ですから、わずかな金額であっても、救いの神が優しく手を差し伸べてくれたように感じられました。

ありがたいなぁ、すごいなぁ。

それまで何とも思っていなかった「配当金」について、改めてその意味と価値を見つめ直すきっかけになりました。

株価がどんなに下落しても、企業が頑張って稼いでくれれば利益をもたらしてくれるのですから、これほど頼もしい存在はありません。

私に限らず、現在、配当株投資をやっている人の多くは、リーマン・ショックや、２０１１年の東日本大震災、２０２０年のコロナ・ショックなどで手痛い失敗を経験しているのではないでしょうか。

２０２２年に配当株投資が再注目されたのも、**株価の低迷によって痛い思いをした人たちが、改めてその「底力」に着目したから**だと考えています。

投資金額１０００万円、増配率10％の実現を目指す！

配当株投資で大切なことは、「稼ぐチカラ」があり、その利益の一部をきちんと株主に還元する企業を選んで、継続的に株を買い進めていくことです。

株を買い進めて、持ち株数が増えれば、企業は持ち株数に応じて利益を還元してくれますから、それだけ多くの配当金を受け取ることができます。

その一方で、企業が稼いでいれば、その利益が上がった分だけ、株主に還元する配当金を増やしてくれます。

企業が株主に還元する配当金を増やすことを「増配」といいます。

この増配こそが、配当株投資の成否のカギを握る生命線であり、最大のチャームポイントとなります。

継続的に株を買い進めて「持ち株数」を増やすことと、企業が「増配」してくれること。この両輪が、配当株投資を押し進めるエンジンです。

現在、**私が持っている株の9割は増配を続けて**おり、その配当金を再投資したり、給料などの自己資金の一部を追加投入することによって、**毎年10％から15％くらいのペースで配当金が増えて**います。

配当株投資は、次のような手順で進めます。

●証券会社を通じて企業の株を買う

⬅

●株を所有することで株主になる

⬅

●投資先の企業が利益を上げる

⬅

●企業が配当金を増配する

⬅

●受け取った配当金の一部や全部を再投資して株数を増やす

⬅

●働いて得た労働収入の一部を投資に回す余裕が生まれて、株を買い増す

⬅

●さらに配当金が増える

このサイクルを上手に回していければ、配当金は雪ダルマ式に成長します。

私はこうして得られる利益を「**配当金ダルマ**」と呼んでいます。

子供の頃に雪ダルマを作った経験がある方ならご存知でしょうが、大きな雪ダルマも、最初はゴルフボールくらいの小さな雪玉から始まります。

配当株投資も同様で、最初に10万円を投じて株を買っても、1年目に得られる配当金は3000円くらいでしょう。

それが積み上がって**100万円を投資できるようになれば、毎年3万円くらいの配当金**が得られるようになります。

核の部分がしっかりしていれば、雪ダルマと同じように、そう簡単に崩れてしまう心配はありません。

投資金額が1000万円に到達すれば、配当金ダルマの成長スピードが一気に急加速することになります。

ゴルフボールくらいの雪玉をコロコロと転がしていくと、次第に表面積が増してきて、ある段階に来ると、急に変速ギアを入れたように大きくなるスピードが速くなりますが、あの瞬間と同じことが起こるのです。

詳しい計算方法は本文でお伝えしますが、**毎年10％の増配があれば、50万円の配当金が、およそ7年後には2倍の100万円に**なります。

15％の増配が続けば、わずか5年で100万円に到達できるのです。

ある程度まで配当金ダルマを大きくすれば、自重でドンドンと転がるようになり、大きく成長することになります。

本書では、コツコツと配当金ダルマを育てていくことで、毎年100万円の配当金を得るための取り組み方を詳解していきます。

配当株投資には、成功のための秘策や裏ワザはありません。

大事なポイントは、**できるだけ早く始めること、きちんと投資先を選んで株を取得すること、一時的な株価の動きに動揺せず、前向きに株数を増やし続けること**……にあります。

難しく考える必要はなく、基本さえマスターすれば、誰にでもできることです。

大きな配当金ダルマを手に入れるためには、どうすればいいのか？

初心者にはわかりやすく、株式投資を始めている方には新たな発見をしていただくために、配当株投資の持ち味とノウハウを徹底的に深掘りしてお伝えします。

2023年1月

配当太郎

本書は情報提供を目的としており、金融商品の購入を勧誘するものではありません。投資の最終決定並びに本書の活用は、ご自身の判断と責任にて行ってください。

第1章 半永久的に「配当金」が入ってくる最高の投資法

第2章
3万円⇒12万円⇒100万円
配当金を計画的に増やす3ステップ

第③章

「配当株」を買うベストのタイミングとは？

第4章

一生持ち続けることができる王道の配当銘柄

第5章

「1株当たり利益」で優良銘柄を見抜く！

第6章

持っているだけで利益が増える「増配銘柄」の探し方

第7章

配当太郎が注目する15銘柄の「今後」を診断！

第1章

半永久的に「配当金」が入ってくる最高の投資法

企業の利益が上がれば、
配当金が増える!

「配当株投資」は時間をかけて利益を積み上げる投資法

配当株投資とは、どんな投資法なのか?

その持ち味を知るためには、配当株投資の「位置づけ」や「特徴」をきちんと理解しておく必要があります。

株式投資をやっている方にとっては基本中の基本ですが、これから始める初心者の方のために、株式投資のイロハを最初に確認しておきます。

株式投資で利益を得る方法には、大きく分けて2つのアプローチがあります。**「キャピタルゲイン」と「インカムゲイン」**です。

キャピタルゲインは、購入した株が買った時よりも高値になった時に売却して利益を得る……という投資法です。

株式投資というと、このキャピタルゲインを思い浮かべる人が多いようです。

一度の取り引きで大きな利益を得られることもありますが、購入時よりも株価が下がっていれば、利益は得られません。
「大富豪」になる可能性がある代わりに、「大貧民」になるリスクもありますから、見方によっては、ギャンブル的な要素が強い投資法といえます。

インカムゲインは、株を保有していることで、その企業が利益の中から株主に分配する「配当金」によって利益を得る……という投資法です。

この本では、**配当金を主な目的とした株式投資を「配当株投資」と呼んでいます。**

配当株投資は、キャピタルゲインのように株を売買して利益を得る必要はなく、投資先の企業が利益を上げ続けていれば、その株を持っている限り、継続して配当金を受け取ることができます。

莫大な投資資金を持っていない限り、**短期間で「大富豪」になれる可能性はゼロですが、あっけなく「大貧民」になる可能性もゼロ**です。

時間をかけて、コツコツと地道に利益を積み上げていくタイプの投資法ですから、すでに株式投資をやっている人でも、そこに物足りなさを感じている人が少なくありません。

キャピタルゲインとインカムゲインのどちらを選ぶかは、自分の好みや生き方が分かれ目になると思います。

配当株投資の注目すべき6つの魅力とは？

私は現在、配当株投資に軸足を置いていますが、その理由は配当株投資にキャピタルゲインにはない魅力を感じているからです。

配当株投資には、大きく分けて**6つの魅力**があると考えています。

【魅力①】企業が利益を上げ続ければ、半永久的に配当金が得られる

配当株投資の一番の魅力は、その企業が利益を上げ続けている限り、株を持っているだけで、**半永久的に配当金が得られる**ことです。

持ち株を売買してその差益を稼ぐ必要はなく、自分が眠ったり、遊んだりしている間も、投資先の企業がしっかりと稼いでくれれば、**黙っていても配当金が入ってくる**

のです。

自分では何もする必要がなく、ただ株を持ち続けているだけですから、ある意味では、究極の不労所得……と考えることができます。

【魅力②】企業の利益が上がると、配当金も増える

投資先の企業が**利益を上げ続けてくれれば、株主に分配する配当金も増える**ことになります。

株を持っている企業の優秀な社員のみなさんが、私の代わりに一生懸命に働いてくれることが、配当金の増加につながります。

株主の立場で考えてみれば、これほど嬉しく、楽しいことはありません。

企業が増配を続けてくれれば、配当金はドンドンと増えていきます。

【魅力③】株価や市場の動向に影響されない

現在のような「ボラティリティ」(証券などの価格変動の度合い)が高い状況にあっても、投資先の企業が利益を上げていれば、配当金の分配を受け続けることができます。

株価や市場の動向を過剰に意識する必要はなく、株主として毅然と構えていれば、淡々と収入を得ることができるのです。

株価の動きに動揺する必要がないという「心理的安全性」も見逃せない魅力です。

私の経験では、世の中の景気が良くない時ほど、「配当金がある」という心強さを実感できるように思います。

【魅力④】給料以外に安定した収入を確保できる

配当株投資は、給料などの労働収入の他に「もうひとつ安定した収入の柱が欲しい」と考えている人には、非常に適した投資法だと考えます。

企業が「このくらいは株主の方に還元しますよ」という配当予想を出してくれるため、金額の大小はあるとしても、**1年間に得られる配当金の見通しが立てられます。**

「これだけの株を持っているから、このくらいの配当金が入りそうだな」という収入の目処が明確にわかっていることは、生活設計の面でも大きな安心感につながります。

【魅力⑤】配当金は自由に活用することが可能

私は配当株投資で得られる配当金を「**資本収入**」と解釈して、毎日の仕事によって得られる「**労働収入**」（給料）とは分けて考えています。

労働収入は自分や家族の現在と未来の生活のために必要なお金ですが、資本収入をどのように遣うかは、すべて私が自由に決めることができます。

家族と食事や旅行に行ったり、生活費やお小遣いの不足を補うこともあります。

その一部を再投資して、株数を増やすこともできます。

金銭的に余裕があるならば、そのすべてを再投資に回すことも可能です。

配当金を遣っても、持っている株を手放して株数を減らすわけではないので、今後の配当株投資に影響が出る心配はありません。

それをどのように活用するかは、あくまで本人の自由なのです。

こうした柔軟性の高さも、配当株投資の魅力のひとつといえます。

【魅力⑥】配当金は家族や子孫に引き継ぐことができる

配当金は、不動産を所有することで得られる賃貸収入や、本の印税と同じように「**権**

利収入」（自分が保有している権利に基づいて得られる収入）ですから、株の所有者が亡くなったとしても、妻や子供がその権利を引き継ぐことができます。**家族や子孫の今後の生活を支えるための、大きな安心材料**となるのです。

こうしたポテンシャルの高さを知れば、配当株投資が「いかに今の時代に必要な投資であるか？」が、ご理解いただけると思います。

配当株投資が「王道」であり、配当金は「主産物」の理由

株式投資をしている人の多くは、株価上昇による利益を「主産物」と考えて、配当金は単なる「副産物」や「おまけ」のように考えていますが、私はまったく逆の見方をしています。

株式投資の「王道」は配当株投資であり、**配当金がその「主産物」**だということです。

株式投資の本来の趣旨は「多くの人からお金を集めて、それを元に企業が頑張って

成果を出し、その利益の一部を株主に還元する」ということにあります。

これが株式投資の本筋ですから、配当株投資を王道と考えて、配当金を主な目的にすることは、極めて合理的な投資活動だと思っています。


投資先企業の経営トップが自社のホームページなどで発信する情報を見れば、私が配当金を主産物と考える理由が、ご理解いただけると思います。

日本企業の多くは、3月期決算であれば、4月から5月にかけて決算内容を発表して、「決算の結果を受けて、いくら配当金を出すか?」という最終結論を出します。

それと同時に、**「今期は、どのように配当金を出していくか?」という予想を発表します。**

ここで注目したいのは、経営トップは配当金に関しては予想を出しますが、**「今期の株価がいくらになるか?」を予測したり、担保することはない**という点です。

株価を担保することなど、誰にとっても不可能なことですが、企業のトップが責任を持って担保できないようなものに対して、私は自分の大切な財産を委ねる気にはなれません。

　これから先も安定した利益を得ていくためには、**不確かなものを主産物と考えるのは、やはり無理がある**と思ってしまうのです。


　株式投資をやっている人でも、配当株投資の底力をきちんと理解している人は、それほど多くはないように感じています。


　それは、配当株投資の実態や本当の魅力を知らないだけでなく、**短期間で利益を上げることばかりを最優先させているから**ではないでしょうか？

　自分でもよくわからない企業の株を買って、その株価の動きに一喜一憂しながら売買を繰り返し、結局は「退場」や「引退」を余儀なくされてしまう人も少なくありません。

　退場とは、「投資行為を諦める」という意味の相場スラングで、経済的にピンチに陥って株式投資を「やめざるを得ない」状況を指します。

　引退は、自らの意思で株式投資から身を引くという意味です。


　株式投資で利益を上げ続けられる人は、**2つのタイプしかいない**と思っています。

ひとつは、見事なまでに相場の動きを読み切れるような、ごく一握りの稀有《けう》な才能を持った人たちです。

もうひとつは、配当株投資などをやっている、いわゆる「長期投資家」です。

配当株投資は、短期間で利益を得たい人には「物足りない」と感じるかもしれませんが、個人投資家の時間軸をフル活用して、**「長い目で見る」という覚悟を決めれば、やがて利益を享受できる日がやってきます。**

「急がば回れ」ではありませんが、稀有な才能を持っているという自覚がなければ、王道の配当株投資を選択するのが賢明だと考えます。

図1 株式投資で「利益」を上げ続けるのはこの2タイプ

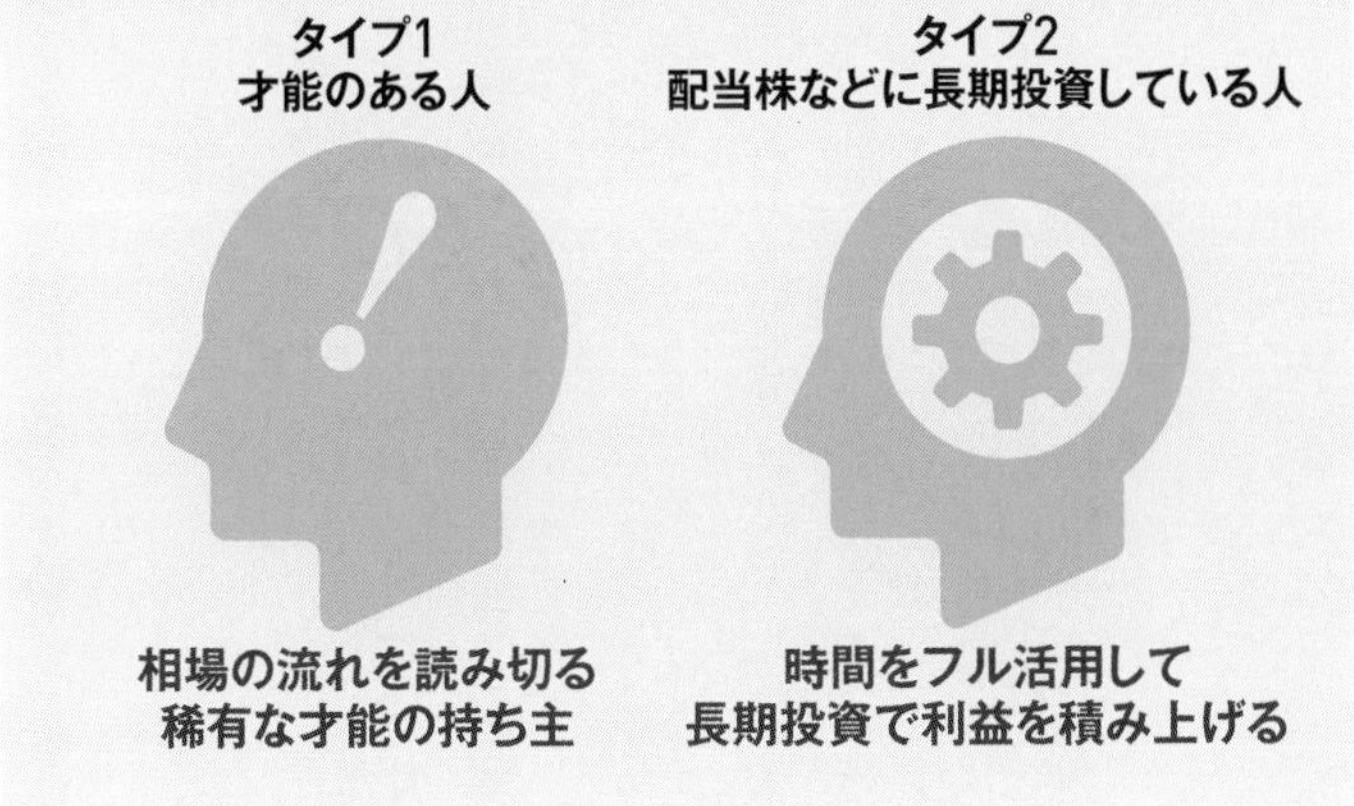
タイプ1
才能のある人
タイプ2
配当株などに長期投資している人
相場の流れを読み切る
稀有な才能の持ち主
時間をフル活用して
長期投資で利益を積み上げる

増配には「沼にハマり込む」ような魔力がある

配当株投資の一番の楽しさと強みは、**配当金の「増配」がある**ことです。

増配とは、企業が株主に対して分配する配当金が前期よりも増えるということですが、増配ができるということは、**その年の企業の業績が良かった**ことを意味しています。

こうした企業の業績向上による増配は「**普通増配**」と呼ばれています。

一般的に増配という場合は、この普通増配を指しています。

この他に、企業の創業何十周年などの節目の際に支払われる「**記念増配**」や、固定資産を売却したなど、何らかの特別な理由によって企業の業績が良くなった時に支払われる「**特別増配**」があります。

増配とは、「どういうことか？」を具体的な数字で説明します。

現在、10円の配当金を出している企業があるとします。

この企業が、毎年1円ずつ増配していくと、配当金は10年で20円に増えます。

その株を配当金が10円の時に買っていれば、この時点で配当金は2倍に膨らんでいます。

つまり、**10円の時に50万円の配当を受けていた人ならば、10年後にはそれが2倍の100万円になっている**ということです。

三菱UFJフィナンシャル・グループの配当金は、10年前は12円でしたが、2023年3月期には32円に増配しています。

10年前に年12万円の配当を受け取っていた人であれば、ずっと株を持ち続けることによって、32万円の配当金を手にしているのです。

その10年間、ただ株を持っているだけで、**株数を増やしていなくても、企業が増配し**

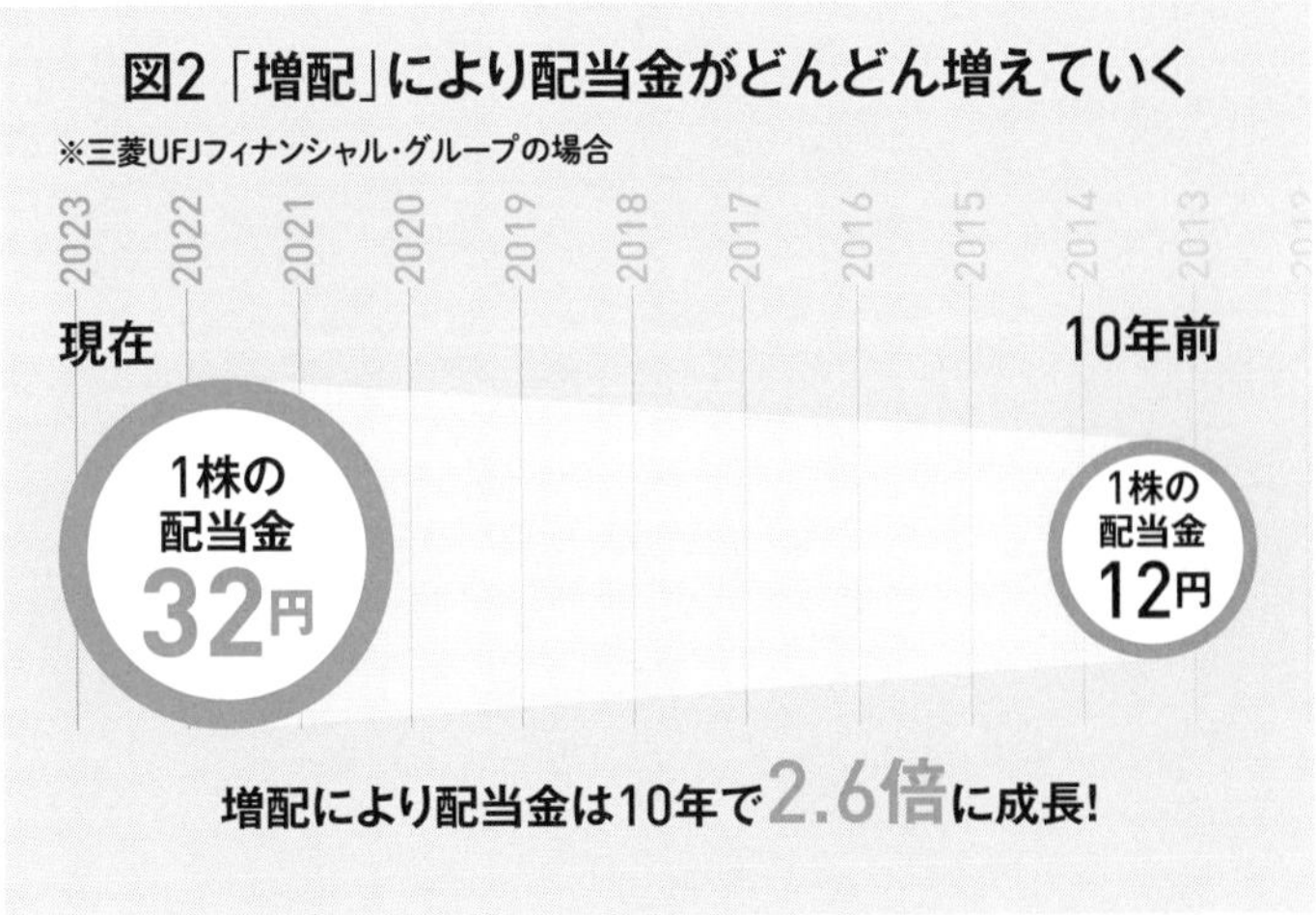

図2「増配」により配当金がどんどん増えていく
※三菱UFJフィナンシャル・グループの場合

てくれれば、受け取る配当金は2・6倍になっているということです。

世の中の景気がどうなっていても、投資先の企業が頑張って利益を出し続けてくれれば、継続的に配当を受けることができます。

これが、配当株投資が「インフレに強い」といわれる理由です。

大切なことは、目先の利益に目を奪われて、短期間で結果を求め過ぎないことです。

1年や2年の短い期間で、資産を3倍とか10倍にしようと思っても難しい話です。配当株投資で成果を実感するためには、**最低でも10年くらいの時間軸で取り組むこと**が求められます。

市場の動きにとらわれずに、淡々と株数を増やしていけばいいだけですから、「この先、10年は続ける」と方針を決めてしまえば、モチベーションは意外に保ちやすいと思います。

「10年は頑張ろう」と覚悟を決めても、その間、ずっと我慢を強いられるわけではありません。

配当金が入ってきたり、増配によって配当金が増えるなど、その時々でつねに楽しみが待っていますから、実際に始めてみれば、その楽しさが理解できます。

私は、その状態をツイッターで「沼」と表現しているのですが、一度でもその楽しみを体感すると、どっぷりと沼にハマったようになって、そこから抜け出せなくなります。

配当株投資は、そうした「やめられない」、「止まらない」となるような魔力を持っている投資だと思います。

私の保有株は「9割」が増配しているのが現状

これから配当株投資を始める人にとって、最も気になるのは、「どのくらいの企業が増配しているのか?」ということではないでしょうか?

私が保有している銘柄(株を発行している企業名)でいえば、2022年は約9割が増配しているのが現状です。

昨年に限ったことではなく、基本的には、長らく増配が続いているという状況です。

私のポートフォリオ（所有している株の組み合わせ）全体で見ても、前期と比べたら、**増配の恩恵だけで配当金が10％くらい増加**しています。

この先も10％ずつ増えていくかどうかはわかりませんが、仮にこのペースが続いたとすると、**およそ7年で現在の配当金が2倍になる**計算が成り立ちます。

こうなると、企業の決算発表が楽しみになって、ワクワクしながらその日を待つことになります。

金融の世界には「**72の法則**」と呼ばれる計算式があります。

資産運用の際に、元本が2倍になるまでの年数と利回りが簡単に求められるというもので、一説にはイタリアの数学者で「会計の父」とも呼ばれたルカ・パチョーリが考案したといわれています。その計算式は、次のようになります。

72÷金利（％）＝投資期間（年数）

先にお伝えした「配当金が10％ずつ増えていけば、配当金がおよそ7年で2倍になる」というのは、この計算式で算出したもので、「72÷10（％）＝7・2（年）」となります。**追加投資をして株数を増やさなくても、複利効果によって約7年で2倍になる**ということです。

あくまで概算ですが、配当株投資を進めていく上での、ザックリとした目安にはなると思います。

銀行の普通預金の金利は現在0・001％ですから、この計算式に当てはめてみると、50万円を預けても、それを100万円にするためには、実に**7万2000年が必要**であることがわかります。

普通預金に大事な資産を預けたままにするより、配当株投資を始めた方がいい……と考えるのが、ごく自然なことのように思えます。

配当株投資で増配を享受していくためには、「今後の成長が見込める企業をどのように選んで、いかにその株を増やしていくか？」が大きなカギを握ります。

投資先の企業を「どのような基準で選ぶか？」については、この後の章で詳しくお伝えします。

日本企業の「還元意識」は、年を追って高まっている

日本企業はアメリカ企業と比べて、株主に対する「還元意識」が低く、配当金も安い傾向にある……といわれてきました。

それが、アメリカ株に人気が集まっている要因のひとつとされています。

現実はまさにその通りだと思いますが、**日本企業の姿勢も大きく変わってきている**と感じています。

アメリカは資本主義経済のトップリーダーですから、株主を大切にする意識が根付いており、あまりにも株主に還元する姿勢が強いため、「もっと労働者を大切にすべきではないか」という議論が芽吹いているような段階にあります。

それに対して、日本企業には「労働こそがすべて」という意識が根強く残っていたため、「株で金を儲けるのは、いかがなものか？」と考えるタイプの経営者も多く、これまでは、**株主還元にあまり重きを置いていない傾向があった**ようです。

その背景には、高度経済成長の時代に大きく利益を積み上げた成功体験がありますから、「別に株主を意識しなくても、利益は上げていける」という考えがあったといわれています。

企業の意識が大きく変わり始めたのは、バブル崩壊を経て、いわゆる低成長時代に突入して以降なので、2000年代に入ってからのことです。

「株主に対する意識をきちんと持たないと、このままではマズい」という風潮が芽生えて、ようやく株主に対する向き合い方が変わり始めました。

2001年の商法改正で「自社株買い」が解禁されたことも、その背中を押したといわれています。

自社株買いとは、企業が自社で発行する株を自ら買うことです。

企業が自社の株を買って保有することは、それを買うための費用が発生しますから、企業の財産的基盤を損なう可能性があり、株式取引の公正さを阻害するので公益に反する……という理由で規制されていたのですが、それが解禁されたことで、企業の株に対する考え方が変わりました。

企業が自社株を買うと、市場に流通する株数が減ることになりますから、会社の利益が変わらなければ、**1株当たりの利益が増える**ことになります。

1株当たりの利益が上がれば、その株を買う投資家が増えて、**株価水準が高くなることが期待できる**……という状態になったのです。

日本企業の還元意識は、年を追って高まっていますが、平均的な配当性向（利益に占める配当金の割合）は30〜40％のレベルですから、今後は**さらに株主還元が進む**ことが予想されます。

各企業の内部留保はしっかりと残されているので、それを自社株買いに充てたり、特別配当金で分配することもできます。

これからの伸びシロは、十分にあるということです。

最近は「累進配当」を強くアピールする企業が増えている

実際、最近では、自社のホームページ上で「株主還元の姿勢」を明確に打ち出す企業が増えています。

これまでは、自社の配当性向を明かす企業は少なかったのですが、近年は「**利益に対してこれだけの配当金を出します**」とか「**利益の何％は配当金を出します**」と表明する企業が増えています。

配当性向だけでなく、「ウチの会社は配当金を下げませんよ」とか、「何年間は配当金を上げていきます」など、「累進配当」（配当金を減配せず、維持や増配すること）の方針を強くアピールする企業も出始めています。

こうした傾向からも、日本企業がようやく株主のことを見始めていることを理解できると思います。

日本企業が「株主重視」に動き始めた理由は、企業側にとっても、そうせざるを得ない事情があるということです。

現在は誰でも気軽に投資ができる時代ですから、日本人が海外企業の株を簡単に買えるのと同じように、海外の人も手軽に日本企業の株を買うことができます。

企業としては、ある程度の株価を維持して、時価総額を高めておかなければ、**簡単に外資系企業などに買収されてしまう危険性がある**のです。

きちんと株主に還元している企業であれば、個人投資家たちが一斉に「やめて！」と声を上げ、その阻止に力を貸してくれることも期待できます。

もう一歩踏み込めば、企業があまりにも内部留保ばかりを溜め込んでしまうと、「それを従業員に出した方がいいんじゃないの？」という議論が出てきてしまう可能性があるため、それを回避するために、「それなら株主に還元しておこう」と考える企業が増えているようにも思えます。

日本でも、ようやく「**会社は株主のもの**」という考え方が浸透してきましたが、「会社は社長のものであり、従業員には必要以上に還元しない」という古い体質は、まだまだ色濃く残っています。

会社は儲かっているけれども、従業員の給料は少しも増えない……という日本特有の珍現象が、それをリアルに物語っています。

私たちがこの膠着《こうちゃく》状態から抜け出すためには、労働者であるだけでなく資本家となって、**「労働収入」（給料）とは別の「資本収入」（配当金）を得る必要がある**のです。

配当株投資の一番のリスクは、途中でやめてしまうこと

この先、配当株投資の恩恵を受け続けていくためには、次の４つのポイントが大事になってくると思います。

①株価の動向に左右されず、できるだけ早く始める
②長期的な視点を持って、淡々と株数を増やしていく
③１つの企業に集中せず、分散して株を保有する
④自分の目標に届くまで、中途半端にやめない

これまでに何度もお伝えしていますが、配当株投資は短期間で大きな利益が得られるものではなく、最低でも10年は必要な長期投資です。

配当金を増やしていくためには、ある程度の時間がかかりますから、できるだけ早く、可能ならば今すぐにでも始めた方がいいと思います。

株価の動向などを気にする必要はなく、始めるのに適した時期やタイミングがあるわけでもありません。

20代であれば30代、40代であれば50代になってからの生活を楽しみにしながら、粛々と配当金ダルマを大きく育てていくのがベストです。

50代の方であれば、定年後の生活を安定させるために、**厚生年金や国民年金の他に「自分年金」を作る**……というイメージが、リアルに描けるのではないでしょうか。

リスク管理という側面で考えてみると、実際にできることというのは、意外に少ないように思います。

配当株投資で直面するリスクは、投資先企業の倒産や、無配とか減配によって配当金が増えないことですが、企業の倒産は新聞やテレビ、ネットのニュースをチェックしたり、決算書を確認していれば、ある程度の推測は可能です。

配当株投資の一番のリスクは、中途半端な状態でやめてしまうことです。

配当株投資を始めても、最初から大きな利益を上げることはありませんから、その状況に焦《じ》れてしまったり、他の投資に目移りして、配当金ダルマが成長する前に途中で挫折してしまう人は少なくありません。

そこでやめてしまえば、配当金ダルマの成長速度は急激にダウンしてしまいます。持っている株を手放してしまうと、配当株投資は完全にストップすることになります。

マクロ的な視点で考えてみても、配当株投資に限らず、私は世界が資本主義経済を選択している間は、株式投資をやめる必要はないと思っています。

今後、世界がずっとマイナス成長を続けることは考えられませんから、資本主義経済が存続している間は、その恩恵を受けることができるのは株主です。

株主であることをやめなければ、この先も恩恵が受けられる可能性があるのです。

配当金コラム01

「配当株投資」と「優待株投資」の違い

桐谷さんをマネするのは、想像以上に大変

配当株投資と同じインカムゲインに含まれる投資法に「優待株投資」があります。

一般的には「株主優待」と呼ばれ、将棋棋士で個人投資家の桐谷広人さんが自転車に乗って街中を駆け回り、慌ただしく株主優待券を使いまくる姿をテレビ番組で見たことがある人も多いと思います。

優待株投資とは、株主優待を実施している企業の株を買って、自社製品やサービス券、食事券などの優待品を楽しむという投資法です。株を保有している間は配当金も得られますから、**配当株投資に株主優待という「おまけ」が付いている**……と考えることができます。

私も一時期は優待株を持っていましたが、株主優待には期限があるため、それを使うのに疲れて、やめてしまいました。

その企業のことが本当に好きならいいのですが、株主優待だけを目当てにすると、非常にしんどくなります。桐谷さんのマネをするのは、「私には難しい」という感じです。

配当株投資と優待株投資には、本質的に大きな違いがあります。**株主優待は取締役会の一存で「やめる、やめない」を決めることができます**が、配当金は会社法で決められているので、企業が勝手に存廃を判断することはできません。

また、優待株の場合は、海外の人には、その権利すら与えられていません。株主はその持ち株数に応じて平等に扱われるべきですが、優待株では株主の平等が担保されていないのです。

こうした違いも、私が優待株投資をやめた理由です。

第②章

3万円⇒12万円⇒100万円 配当金を計画的に増やす 3ステップ

これであなたも
夢の不労収入生活へ!

株を保有して「出資比率」に応じた利益の還元を受ける

この章では、配当株投資の**効率的な進め方**について、詳しくお伝えしていきます。

日本には現在、100万社を超える株式企業が存在します。

私たち一般投資家が売買できる株は、財務状況や経営状態など、一定の審査基準をクリアして金融商品取引所（東京、名古屋、札幌、福岡）に上場が認められた約3800社に限られます。

一般投資家は、証券会社に口座を開設すれば、上場企業の株を買うことができます。

近年は銀行の窓口でも注文を出せるようになりましたが、銀行が金融商品取引所に注文を出しているのではなく、投資家と証券会社の仲介をしているのです。

配当株投資を始めるためには、証券会社などに自分の口座を開いて、株を購入することが第一歩です。

株を買って保有すれば、その企業の「株主」となり、「出資比率」（持ち株数）に応じて利益の還元を受ける権利（利益配当請求権）が得られます。

「権利確定日」の2営業日前となる**「権利付き最終日」までに株を買って保有**していれば、株主名簿に名前が記録されて、**保有株数に応じた配当金を受け取る**ことができます。

配当金は各企業の決算期ごとに分配されますが、その金額は一定ではなく、企業の業績によって変動します。

その企業が利益を上げていれば、配当金が「増配」（配当金を増やす）され、業績が悪化していれば、「減配」（配当金を減らす）や「無配」（配当金なし）となることもあります。

配当金がある場合は、手続きをすれば証券会社に開いた口座に自動的に入金されます。株の管理や税金の処理は証券会社が代わりにやってくれるので、面倒なことは何もする必要がありません。

自分でやるべきことは、株を買い続けて持ち株数を増やし、配当金が増えるように企業の頑張りを温かい視線で見守るだけです。

配当株投資で増配を得ていくためには、どの企業を投資先に選ぶかが重要なポイントとなりますが、それについては、この後の章で詳しくお伝えします。

ネット証券を中心に複数の口座を持つ

これから配当株投資を始める初心者の方であれば、証券会社の選び方で戸惑うこともあるかもしれません。

私もツイッターで、**「どこの証券会社を使っていますか？」**と聞かれることが多いのですが、私の場合は複数のネット証券に口座を持っています。

複数である理由は、口座を開くのは無料ということもありますが、通信事情などによって使えなくなった時に、別のネット証券を利用するためです。

特別なこだわりがなければ、最初に複数の口座を持ってみて、使い勝手や画面の見え方など、自分と相性いいものをメインにすればいいと思います。

インターネットができる環境であれば、ネット証券は非常に便利です。

ネット証券の口座はすぐに開設できますから、一通り開いてみて、そこから絞り込んでいけばいいのではないでしょうか。

年間の配当金「100万円」の破壊力

配当株投資を着実に進めていくためには、小さな目標を設定して、それをひとつずつクリアしていくことがモチベーションの維持につながります。

ここからは、その段階を3つのステップに分けてお伝えしますが、まずは「**どのような状況になれば、配当株投資が最も高いパフォーマンスを発揮するのか？**」という到達点を先にお伝えしておきたいと思います。

私の経験では、「**1年間の配当金が100万円**」に到達したステージが、最も効率がよく、配当株投資の醍醐味を満喫できるステージだと考えています。

私はこれを「**配当金100万円の破壊力**」と呼んで、ツイッターでも大事なポイントとして発信しています。

年間100万円の配当金が入ってくるようになると、どんなことが起こるのか？

まず第一に、株の売買をすることなく、何をしなくても、毎年100万円が入ってくるという夢のような状況が生まれます。

その金額は、投資先の企業が増配を続けていれば、黙っていても増えていきます。

5%の増配があれば、翌年には105万円になっているのです。

先に紹介した「72の法則」に当てはめれば、「72÷5%=14・4年」となりますから、14〜15年後には200万円になっている可能性があります。

自分の給料などから自己資金を投入しなくても、これだけの金額を毎年もらい続けることができるのです。

配当金は自分の好きに遣っても、利益が目減りすることはない

その配当金をどのように活用するかは、自分の好きに選択することができます。

自分の趣味や日常のちょっとした贅沢に遣っても、**株数が減るわけではありませんから、翌年にはまた配当金が入ってきます。**

場合によっては、この段階で配当株投資をやめてしまうという選択もあります。

ここでやめても、投資先の企業が稼ぎ続けていれば、毎年100万円の配当金を継続的に得ることができるのです。

生活に余裕があるならば、**その配当金を再投資に回すことで、配当金ダルマはさらに大きく成長**します。

株価の動向や売買のタイミングを気にする必要はなく、その原資は「あぶく銭」のようなものですから、ためらうこともなく、積極的に株を買い進めることができます。

1年間の配当金が120万円に到達すれば、毎月10万円の「お小遣い」を自由に遣うことができるという計算が成り立つので、さらにモチベーションがアップします。

給料の他に毎月10万円の安定的な収入があるというのは、何とも心強く、大きな喜びを感じることができると思います。

年間100万円の配当金が得られる頃には、所有している株の銘柄にもよりますが、投資金額(原資)は2000万円から3000万円には達しているはずです。

その金額を持った上での配当金ですから、「**お金のなる木**」**を手に入れたような状態**

です。

その果実を食べても、毎年、次々と果実が増えていきます。

食べきれなければ、その果実を投資に回せばいいのです。

基本的には、資産が増えていく一方という好循環の状態に入ったということができます。

これが「配当金100万円の破壊力」のリアルな凄さです。

配当株投資を進めるための3段階のステップ

配当金100万円の破壊力を実感するためには、まずは最初の1歩をできるだけ早く踏み出すことが大切です。

ここからは、「**どのように配当株投資を進めていけばいいのか?**」という観点に立って、そのステップを3段階に分けてお伝えしていきます。

配当株投資で大事なことは、最初の段階で焦れたり、諦めたりしないように、自分の気持ちを上手にコントロールしていくことです。

株式投資で痛い思いを経験している人であれば、「やっぱり、コツコツやっていくことが正解なんだよな」と理解して、腹が固まっていることでしょうが、初心者の方がそこまでの境地に達するのは、なかなか難しいことだと思います。

これから始める方は、「**配当株投資とは、小さく産んで大きく育てるものだ**」ということを理解しておく必要があります。

STEP 01 初期投資「100万円」で株を買ってみる

雪ダルマと同じように、配当金ダルマを作り始める際は、5万円でも10万円でもいいから、自分が投資に回すことができる無理のない金額でコツコツと始めることができます。

まずは始めてみることが最も大切なことですが、あまりにも投資金額が少ないと、モチベーションを保ちにくいという面があることを理解しておく必要があります。

「これから配当株投資をやるぞ!」と意気込んで始めても、最初の年に入ってくる配当金が数百円とか数千円では、その金額の少なさに物足りなさを感じて、やる気をなくしてしまう人もいるからです。

ある程度はお金の余裕があって、「どのように始めるか?」を迷っているならば、配当金を出している大手企業の中から数社ほど選んで、**「初期投資100万円」から始めること**をおすすめします。

現在の株式市場の状況であれば、**最初の年に2~3万円の配当金が得られる可能性があるので、ハッキリとその成果を認識する**ことができます。

配当通知書が届いて、2~3万円の配当金が入金されることがわかれば、「おっ、こんなに入ってくるのか!」と嬉しくなります。

1000円くらいの配当金では、「ふーん、そんなものか」と思ってしまうところを、それが万単位の金額であれば、多少なりとも、手応えを感じることができます。
その手応えを実感することが、モチベーションの維持につながるのです。

できるだけ早く「配当株投資」の成果を実感する

配当株投資を継続して進めていくためには、金額的なことだけでなく、その成果をできるだけ早く実感することも大切です。

配当金を得るためには、「権利付き日」があることは先にお伝えしましたが、3月決算の企業であれば、その月の「権利確定日」の2営業日前までに買っておけば、3カ月後の6月には配当金を手に入れることができます。

最初の段階では、この早さも重要な要素だと思います。

配当が年1回の企業であれば、4月以降に株を取得したのでは、1年以上も配当金が出るのを首を長くして待たなければなりません。

「せっかく配当株投資を始めたのに、1年も待たされるのか……」と焦れったくなるくらいなら、「権利付き日」までに株を買って所有しておくことがモチベーションの維持につながると思います。

ここでもうひとつ付け加えておくと、配当株投資を続けていく覚悟がしっかりとできている方であれば、**あえて「権利付き日」を過ぎてから株を購入する**という作戦もあります。

権利付き日を過ぎてから株を買うことを「権利落ち」といいますが、この権利落ちにもメリットがあることが、配当株投資の懐《ふところ》の深さです。

企業はその年の利益の中から配当金を出しますから、一時的に利益が減少することになって、あくまで理論上ですが、瞬間的に株価が下がることになります。

この時を狙って株を買えば、**通常よりも安く購入することができる**のです。

利益を増やすために「非課税枠」を活用する

これから配当株投資を始める人であれば、「非課税枠」をフル活用することも有効な手段となります。

株式投資で配当金などの利益を得ると、通常は約20％の税金がかかりますが、非課税枠を利用すれば、一定期間は非課税で受け取ることができます。

「ＮＩＳＡ」（ニーサ）という言葉を聞いたことがあるのではないでしょうか？

ＮＩＳＡとは、**投資に関する税の優遇制度**のことで、正式には「少額投資非課税制度」（Nippon Individual Savings Account）といいます。

最初に「ＮＩＳＡ口座」（非課税口座）を作って、一定金額の範囲内で株を購入すれば、そこで得られる利益には税金がかからなくなるのです。

注意が必要なのは、現行のＮＩＳＡは２０２３年までの期間限定の制度であることです。

現在の制度で金融商品を購入できるのは２０２３年までに限られますが、２０２３年中に株を購入しておけば、５年後の２０２７年までは非課税で保有することができます。

非課税期間が終わると、自動的に課税口座に移されることになりますが、手続きをすれば翌年以降の非課税枠に移す（ロールオーバー）ことが可能になり、非課税期間をさらに5年間は延長することができます。

今後の非課税枠については、ニュースなどで変更点を確認する必要があります。

STEP 02 年間12万円（1カ月あたり1万円）の配当金を目指す

100万円を元手に年間3万円の配当金を得られるようになると、配当金ダルマはコロコロと転がり出して、少しずつ成長を始めます。

年間3万円の配当金は自由に遣うこともできますが、それを再投資したり、新たに自己資金を投入する余裕があれば、配当金ダルマの成長スピードが加速します。

これを何度か繰り返していくと、やがて第2段階のステージが見えてきます。

第2ステップとしては、**「年間12万円、1カ月あたり1万円の配当金」を目指す……**

というあたりが適切ではないかと思います。
あくまで便宜的な目標ですから、人によっては年間5万円の配当金を目指すことが第2ステップであってもいいと思いますが、「年間12万円、1カ月あたり1万円の配当金」であれば、目標として明確にイメージしやすくなります。

「年間12万円の配当金」を受け取るためには、投資金額が300万円から400万円くらいになっている必要がありますから、この第2ステージに無理なく到達するためには、**10年近くの時間が必要になる**ことが予想されます。

例えば、月々の給料の中から、毎月2万円を投資に回すとします。

2万円×12カ月＝24万円

夏と冬の2回のボーナスで5万円ずつ投資できれば、1年間の投資金額は合計で34万円となります。

これを10年続けると、総額で340万円の原資ができる……くらいのゆったりとしたペースであれば、十分に実現が可能なのではないでしょうか。

毎月10万円くらい投資に回せる人であれば、3年足らずで第2ステップに突入する

ことができますが、あまり現実的ではないように思われます。

多くの人にとっては、やはり10年くらいは配当金ダルマを育てる覚悟が必要です。

ここで大切なことは、自分なりの明確な目標設定をして、そこに向かって着実に歩みを進めていくことです。

早く目標に到達するためには、株を細かく買うのも有効

毎月2万円を投資に回す場合、それがある程度の金額にまとまってから株を買うという選択もありますが、証券会社によっては1株ずつ買うこともできますから、できるだけ早く目標に到達するためには、**細かく買い進める**という選択肢もあります。

投資金額が50万円とか100万円など、ある程度まとまるのを待って株を買っていたのでは、時間のロスになる可能性があるからです。

どちらを選択するかは、基本的にはそれぞれの判断ですが、大事なのは「どのように進めれば、長続きできるか?」を考えてみることです。

自分のライフスタイルや金銭感覚を基準にして、「どうすれば、無理なく、継続的に

配当株投資ができるか？」を見定めることが重要です。

誰にでも当てはまる「最適解」があるわけではありません。

個人投資家の強みは時間軸をフルに活用できることですから、長いスパンで配当株投資を継続できるのであれば、どちらを選択してもいいと考えます。

目標に到達するまでは、ガンガンにアクセルを踏み続ける

配当株投資を進めていって、ある程度の目標に達するためには、やはりどこかでリスクを取らなければならない局面があると思います。

投資金額が１０００万円を超えることを目標にするならば、そこに到達するまでは後ろを振り返ることなく、ガンガンにアクセルを踏み続けて前に突き進むことが大切です。

少しでもお金に余裕があったら、**最低限度の生活防衛資金の他は、すべて株の購入に充てるくらいの気構え**で臨む必要があります。

本気で配当株投資をやり遂げようと思うのであれば、可能な限り、お金を投資に振

り分けることで、それだけ早く目標にたどり着くことができます。

自営業やフリーランスの方の場合は、最低限度の生活防衛資金を残すだけでは心もとないかもしれませんが、サラリーマンの方ならば、給料が定期的に入ってくるのですから、それほど不安を感じる必要はありません。

特別な出費の予定がなく、ただ銀行に預けているだけならば、意識して株の購入に充てた方がいいと思います。

投資総額が1000万円を超えるまでは、多少のリスクはあっても、何が何でも踏ん張る……という強い気持ちを維持する必要があります。

強い気持ちを持ち続けていれば、「万が一の時にはどうするか?」という不安よりも、この先に待っている楽しさをイメージできるようになります。

そうなれば、漠然とした不安に対する「リスク許容度」も徐々に広がってくるように思います。

株価の変動に対する「免疫力」を鍛える

この第2ステップにいる間に、株式市場に対する「免疫力」を十分に鍛えておくことも大事なポイントです。

免疫力とは、株価の動向に一喜一憂することなく、自分が設定した目標に向かって歩みを止めないという強い覚悟を持つことです。

株式市場の**価格変動に対する「鈍感力」**と置き換えてもいいかもしれません。

第2ステップに到達するまでには10年近くの時間がかかりますから、その進捗《しんちょく》状況の遅さに焦りを感じたり、焦れったくなることもあります。

そんな時に派手に株価が上昇している銘柄を目の当たりにすると、隣の芝生が青々として見えて、ついふらふらと浮気心が芽生えたりするものです。

それを乗り越えるための「胆力」をしっかりと身につけて、株価の動向に左右されないという経験値を高めておくことも、第2ステップの重要な役割だと思っています。

第2ステップを「ゴール」に設定するのもいい

第2ステップをクリアしたら、次はいよいよ目標とする第3ステップにアタックすることになりますが、人によっては、この第2ステップをゴールにするという考え方があってもいいと思います。

最初から潤沢な資金を持っている人は別ですが、このステージに到達するまでに10年かかる人もいれば、それ以上の人もいることが予想されます。

20代から始めた人が30代や40代になってこの段階に入っていれば、**3００万円以上の資産を持った上で、毎月1万円相当の不労所得がある**ことになります。

そこから別に何もしなくても、企業の増配があれば、それがドンドンと増えている可能性があるのですから、3００万円を普通預金で銀行に預けているよりも、格段に利益をもたらしてくれます。

企業の増配が10％で推移していけば、12万円の配当金は「72÷10％＝7・2年」の計算によって**約7年で2倍の24万円になっている**可能性があります。

それを定年の65歳まで続けていけば、老後の生活資金として毎年50万円くらいの配当金が期待できますから、ここをゴールに設定しても、十分な効果を得ることができます。

STEP 03 投資金額が1000万円を超えると、成長スピードが急加速する

コツコツと配当株投資を続けていけば、投資金額が１０００万円の大台を突破する日がやってきます。

給料などの労働収入からの「追加投資」、**手に入れた配当金からの「再投資」**、**企業による「増配」**……この３つをエンジンにして、配当金ダルマを着実にコロコロと転がしていれば、誰にでも「その時」が訪れます。

これが配当株投資の真骨頂ともいえる第３ステップに突入した合図です。

投資金額が1000万円を超えると、企業からの**配当金は30万円から40万円**に達していると思います。

毎年その金額が得られるのですから、これをゴールと考えても十分すぎるほど魅力的な金額ですが、さらに「追加投資」、「再投資」、「増配」を続けることができれば、これまでとはまったく違う風景に出会うことになります。

配当金ダルマの成長スピードが変速ギアを入れたように一気に加速して、見る見るうちに大きくなっていくのです。

その感覚を数字に置き換えて考えてみると、次のようになります。

●**「100万円」→「1000万円」＝100万円を「10倍」にする必要がある**
●**「1000万円」→「2000万円」＝1000万円を「2倍」にするだけ**
●**「2000万円」→「3000万円」＝2000万円を「1・5倍」にするだけで済む**

これはあくまでニュアンスを伝えるための計算ですから、株式市場の動向や個人の投資内容によっても違いが出ますが、感覚的にはこの数字が示す通りです。

初期費用100万円で始めた配当株投資で、投資金額が1000万円に達するまでを「**10**」とすれば、それを2000万円に増やすためには5分の1の「**2**」で済みます。

私の経験でいえば、500万円を超えたあたりでは「まだまだ遠いな」と思っていたのですが、1000万円を突破すると「あれ、あれ?」と思っているうちに、気がついたら2000万円に到達していたという感じです。

市場に恵まれたり、企業の増配が続いたこともありますが、「**ここからは早いな**」というのが実感です。

この1000万円超えの第3ステップが、その後の資産形成の加速度を上げていくための大きなターニングポイントだと思っています。

「投資マインド」と「エンジン」は十分に暖まっている

投資総額が1000万円に達する段階まで配当株投資を続けていると、その経験値として「毎年、着実に積み立てていくことが大事だな」ということがしっかりと理解できていますから、遊んでいるお金が少しでもあれば、すぐに投資に回すという「**投資**

の習慣」も身についているでしょう。

これに企業から得られる配当金が積み重なることによって、配当金ダルマの成長スピードが一気に加速することになります。

この段階までくれば、無理して労働収入から「追加投資」をする必要はありません。

追加投資をすれば、それだけ成長スピードが速くなりますが、**配当金からの「再投資」と企業の「増配」という2つのエンジン**が暖まっているため、十分な威力を発揮してくれるからです。

私がツイッターで「1000万円を超えると、成長スピードが速い」と発信したら、「その後にリーマン・ショックみたいなこ

図3 配当金を増やす3つのエンジン

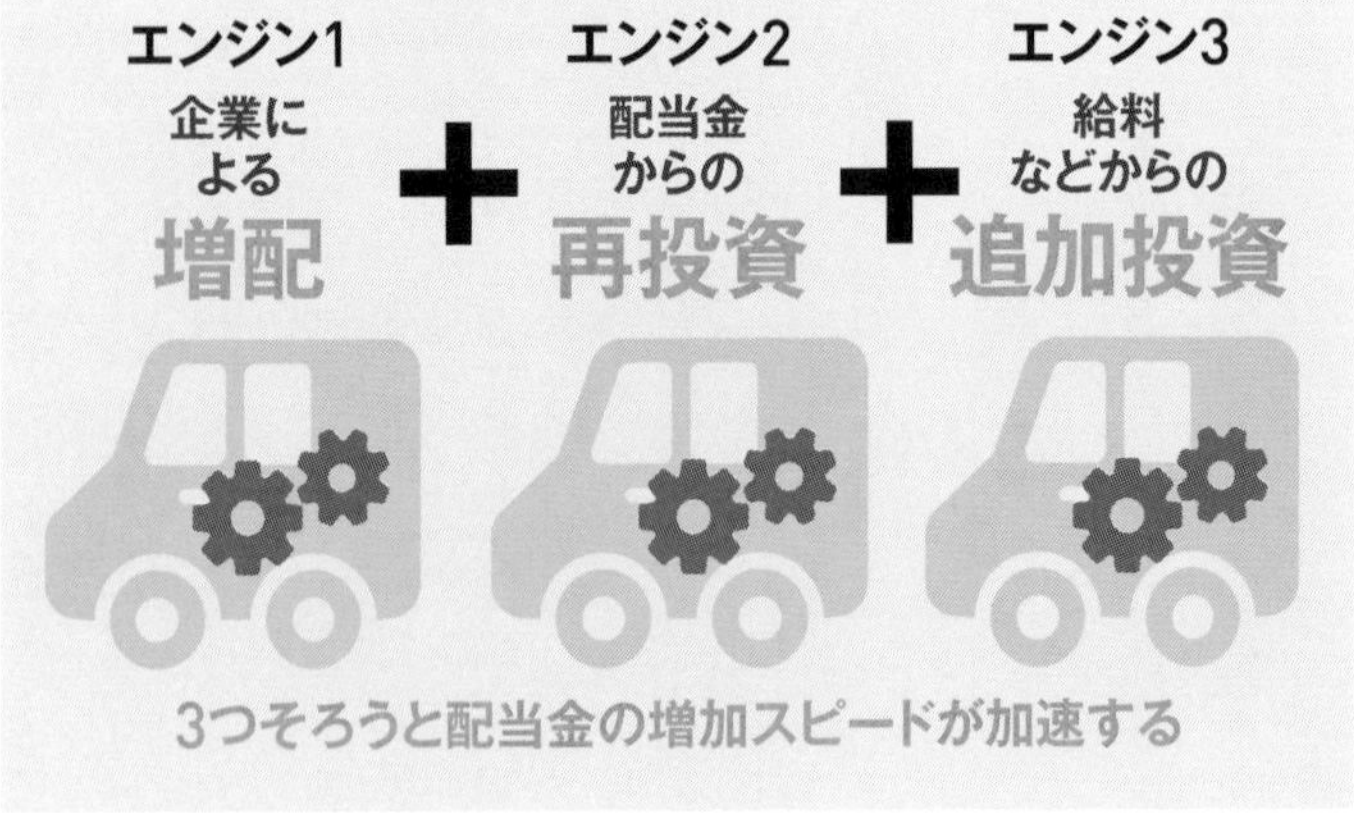

とが起こったら、下がるスピードはもっと速いぞ！」という意見が寄せられたことがあります。

株式投資では、当然、そうしたリスクもありますが、それを言い出したらキリがないと考えるようにしています。

どんなことにもリスクは付き物ですから、そうなったら、そうなった時に、「自分がやるべきことを、きちんとやる」だけだと思っています。

リーマン・ショックの時でも、しっかりと利益を上げている企業はあり、変わらずに配当金を出していたことは、すでにお伝えした通りです。

株価が下がれば、逆にそれをチャンスと考えて、これまでと同じように淡々と株を買い進めていく覚悟が大切です。

この第3ステップまで辿り着いている人であれば、そう考えられるだけの精神力は十分に養われているでしょう。

一度しゃがんでから跳び上がれば、それまで以上に高く飛ぶことができます。

ここで大事なのは、どんなことが起こっても、自分の軸さえブレなければ、それをチャンスととらえて、成長スピードの加速に活用できる……とポジティブな発想をすることです。

ネガティブにあれこれと考えるよりも、前向きに着実に歩みを進めた方が、配当株投資も人生そのものも、楽しくなるのではないかと思います。

第3ステップで保有する株は5銘柄くらいが管理しやすい

第3ステップに入って、投資総額が1000万円を超えた段階では、あまり多くの企業の株を所有するのではなく、5つくらいの銘柄に絞って持っておくのがいいと思います。

具体的な銘柄は、後ほど詳しくお伝えしますが、「**金融・銀行**」、「**商社**」、「**保険**」、「**通信**」など、安定的に稼ぐチカラを持った業種の中から、その分野を代表するような有力企業を厳選して持ち続けることが重要です。

熾烈な競争が激化している「通信」に関しては、NTT、KDDI、ソフトバンクの大手3キャリアを1つと考えてもいいかもしれません。

現在、この3社で国内のパイを食い合っている状況ですから、どこか1社だけにしてしまうと、結果的にリスクになる可能性があるからです。

大事なポイントは、**銘柄数を増やすのではなく、それぞれの業種から選んだ企業の持ち株数を増やしていく**ことです。

それは、「この企業が倒産したら、日本は破滅するんじゃないか」と思えるような企業を厳選して、そこに集中して投資することが利益につながるだけでなく、株の「管理」の問題とも深く関係しているからです。

株の管理の問題には、2つの種類があると思っています。

ひとつは、配当株投資を続けていく上での「**意識**」**の管理**であり、もうひとつは株そのものの「**ポートフォリオ**」**の管理**です。

銘柄が多いということは、当然、ひとつの企業に対する投資額は少なくなります。1銘柄あたりの投資額が少なければ、株価が下がっても、意外とそこに意識が向かなくなってしまうのです。

500万円相当のある企業の株を持っているとして、10％の下落があった場合、50万円の〝含み損〟になりますから、「何かあったのかな？」とすぐに気づきます。それが50万円の場合は、「まぁ、5万円ならいいか」とか、「そのくらいなら、他で取り戻せるだろう」と意外と簡単にスルーしがちです。

配当株投資では、株価の動向を必要以上に気にする必要はありませんが、「**どうして、株価が下がっているのか？**」という要因くらいは、最低でも知っておいた方がいいと思います。

投資先の企業に対する意識が薄れてくると、今後の投資活動に少なからぬ影響が出てくることになります。

第2ステップで、「株式市場に対する鈍感力を鍛える」とお伝えしましたが、「**鈍感に**

なる」ことと「意識しなくなる」ことは、まったく別の話です。

「鈍感になる」とは、市場の動向に対する耐性を身につけることであるのに対して、「意識しなくなる」はリスク管理の放棄であったり、逆に絶好のチャンスを見逃すことになりかねない……ということを意味しているのです。

意外に手間がかかる「株の管理」とは？

持ち株の銘柄数を増やさないということは、株の管理がしやすくなります。

株の管理といっても、何か特別に難しいことをしているわけではありません。

私の場合でいえば、ウェブサイトの『株探《かぶたん》』などで、3カ月に1回のペースで発表される「**決算短信**」に目を通して、「投資先の企業が今どうなっているか？」を知るようにしています。

企業の決算発表というのは、私たち人間にとっての定期的な「健康診断」のようなものですから、その健康状態を確認しておくことが不可欠です。

主にチェックしているのは、次の4つのポイントです。

①企業の予想した通りに「売上高」は上がっているか？
②「営業利益」は伸びているか？
③「純利益」（利益から経費や税金を引いた金額）は出ているか？
④「1株当たり利益」（EPS）は出ているか？

これらのデータを知ることによって、「この企業、増配になりそうだな」とか、「もしかすると増配は厳しいかもしれないが、減配はないだろうな」などと、自分なりの予想を立てて、今後の展開を考えたり、次の一手を検討したりしています。

ちなみに、「1株当たり利益」（EPS）とは、企業が「**1株ごとに、どのくらいの純利益（すべての経費を差し引いた最終的な利益）を出しているのか？**」を見る指標です。

この「1株当たり利益」については、第5章で詳しく説明します。

配当株投資は、株を所有したらそのまま持ち続けながら、新たな株を追加購入して株数を増やしていく……というのが基本です。

あまり複雑に考える必要はなく、淡々と株数を増やしていくことが大事ですが、上手に買い進めていくためには、先の4項目くらいはチェックしておくことが大切です。30銘柄とか50銘柄を持っても、それをきちんと管理できるのであれば、とくに問題はありませんが、株式投資だけで生活している人でもなければ、なかなか手が回らないと思います。

あまり無理をせずに、手堅く配当株投資を進めていくためには、やはり5銘柄くらいが適切なのではないでしょうか。

すでに1000万円持つ人は、どのように投資を進めるべきか？

ここからは少し特殊なケースになるかもしれませんが、「すでに手元に1000万円の現金を持っている人は、どのように配当株投資を進めればいいのか？」について、私の考えをお伝えしておこうと思います。

実際、私のツイッターに同様の質問が寄せられたことがありますので、その考え方を共有しておくことは多くの方の役に立つかもしれません。

その方は、それなりの収入がある方で、住宅ローンはすでに終わっており、以前から持っている1000万円くらいの貯金があるので、何か投資を始めてみたい……という質問でした。

私が同じ立場であったら、その全額を配当株投資に回して、すでにお伝えした通り、**5つくらいの大型株を買う**だろうと思い、それを質問の答えにしました。

一般的に大型株とは、TOPIX(東証株価指数)算出対象銘柄の中で、時価総額(株価×発行済み株式数)と流動性(売買代金)が高い上位100銘柄のことを指します。

1000万円を1つの銘柄に全額投入するのではなく、大型株に分散して持っていれば、リスクヘッジになるからです。

1000万円を普通預金に入れても、現在の金利は0・001%ですから、翌年に得られる利益は100円程度です。

配当株に投資すれば、1年間で30万円から40万円くらいの配当収入がある可能性があります。

投資先にもよりますが、もし株価が大きく下がったとしても、**配当金は基本的には株価の下落率以上に下がることは少ない**と思います。

仮に株価が半分になっても、配当金が半分になることは、滅多にありません。

そこで得られた配当金は、自由に遣ってもいいし、再投資に回してもいい。

場合によっては、それを預金しておくこともできますから、何かの時の備えになるということをお伝えしました。

すでに多くの現金を持っているのならば、積極的に投資に回すことができます。

ステップ1やステップ2のステージを飛び越えて、いきなりステップ3からスタートできるのですから、そのアドバンテージは相当に大きいことは間違いありません。

配当金コラム02

増配率10%を実現するための3つの努力

ポイントは「追加投入」「再投資」「増配」

配当金ダルマを大きく成長させるためには、**「増配率」を高めていく**ことが重要です。

増配率とは、前年と比較して、今年の配当金が「どのくらい増えたか？」という割合を示した数字です。

配当金ダルマの着実な成長を目指すならば、「増配率 10%」を目標にして、それを維持するための工夫を続けていくことが、最も現実的な目安になります。

増配率 10%を実現するためには、それだけの実力を兼ね備えた**優良企業の株を持ち続ける**ことが大切ですが、ただ企業側の増配に期待しているだけでは、それを維持していくのは難しいと思います。

私たち一般投資家は、**2つの「自助努力」によって、増配率を高める**ことができます。

ひとつは、給料などの労働収入の中から**追加資金を投入**すること。もうひとつは、手に入れた**配当金の一部や全額を再投入**することです。

新たに株を買って、持ち株数を増やしていけば、受け取る配当金を増やすことができるのです。

これに企業の増配という「企業努力」が上手く噛み合えば、増配率 10%が実現可能になり、場合によっては、それ以上の成長を手に入れることができます。

自助努力が２つと企業努力が１つ。この３つがしっかりと機能すれば、パワフルな好循環が生まれます。私たちが手をこまねいているだけでは「増配率 10%」というハードルは、それほど簡単には超えられないと考える必要があります。

第3章

「配当株」を買う ベストの タイミングとは?

株を買い続けて、
ほったらかす!

自分のペースで粛々と株を買い進める

配当株投資で最も大事なことは、株価や市場の動きに一喜一憂せず、**淡々と株数を増やしていく**ことです。

配当金は株価などの動向に左右されませんから、一喜一憂しても意味がないだけでなく、その必要もありません。

株価というのは、基本的には需要と供給によって形成されるものですが、ある意味では、「今、売りたい人」と「売らなければならない人」が、ただ単に株を手放しているだけのことなので、私たちのような個人投資家には関係のないことです。

個人投資家としては、一時の株価にとらわれることなく、**時間軸をフルに活用して、長いスパンで株を買い進めていく**ことが大切です。

株価の動向に、慌てたり、焦る必要は一切ありません。

あくまでマイペースを貫く覚悟を持って、粛々と株を買い進めていけばいいのです。

株式投資の世界では、「**株価が下がった時こそ買え！**」という言い伝えがあります。

私はこれを、半分は本当で、半分は間違っていると考えています。

誰にとっても、できるだけ安く株を買うに越したことはありません。

わざわざ高いお金を出して買う必要などありませんから、これが「本当」の部分です。

問題は、「株価が下った時」というのが、「**一体、いつを基準にしているのか？**」ということです。


現在の株価は、確かに1週間前と比べて下がっているかもしれませんが、10年前からその株を持っている人にしたら、少しくらい株価が下がったことなど、実は何も関係がないことです。


いつの時点を基準にして考えれば、株価が下がったといえるのか？

その基準が曖昧で漠然としていることが、私が間違っていると考えている理由です。

株を買うタイミングを気にする必要はない

株価というのは、企業が健全な成長さえ続けていれば、基本的にはゆっくりと上がるか、横ばいになるものです。

需要と供給のバランスによって、株価が大きく下がった時は買えばいいと思いますが、配当株投資では、下がったから買うのではなく、別に高かろうが安かろうが、自分が買える時にしっかりと買って、株数を増やしていくことが大切です。

現在の株価がこういう状況だから買うとか、買わないという判断をする必要はありません。

株式投資では、「いつ買うか?」というタイミングの問題が重要視されていますが、長いスパンで配当金を受けていく……というスタンスを崩さない限り、**購入のタイミングを気にする必要はありません。**

株価の動きやタイミングに振り回されるのではなく、自分が買える状況だったら、淡々と買い続ける。

配当株投資では、こうした姿勢を貫くことが何よりも重要だと思います。

株と不動産は「売る」ものではなく「増やす」もの

私が「株価の動向は気にする必要がない」と考えている背景には、もうひとつ別の理由があります。

配当株投資では、そもそも株を売る必要がないからです。

株価の動きというのは、株を売る時にこそ意味を持つものですが、私は株と不動産は「売る」ものではなく、その資産を「増やす」ものだと考えています。

最初から売るつもりがないから、必要以上に気にしても意味がないのです。

自分が持っている株が上がっていても、その「含み益」（買った時よりも値上がりして、売却すれば利益が出る状態）は、単なる「ぬか喜び」に過ぎません。

逆に、株価が下がって「含み損」（買った時よりも値下がりして、売却すると損をする状態）が出たとしても、それは一過性の「杞憂《きゆう》」でしかないのです。

配当金を積み上げていって、投資した元本（収益を生み出す元になるお金）を回収してしまえば、まさに「カネのなる木」のようなものです。

株式投資の世界では、これを「**恩株**《おんかぶ》」（投資元本を回収済みの株）と呼びますが、元本を回収して、あとはその恩恵を受け続けるだけ……の株を、わざわざ手放す必要はありませんし、そのつもりもないのです。

「株は増やすもの」と実感した私の大失敗

株は「売るもの」ではなく「増やすもの」と私が学んだのは、手痛い失敗を経験したことがあるからです。

リーマン・ショックの後ですから、今から15年くらい前のことですが、東京ディズニーランドを運営している**オリエンタルランドの株を手放してしまった**のです。

この株は株主優待を目的に買ったものですが、株主優待券を使うことに疲れてしまったため、諦めて手放してしまった株のひとつです。

今から振り返ってみれば、優待券を使うのに疲れたくらいでは、絶対に売ることはありませんが、よほど面倒くさくなっていたのか、自分でも信じられない感じです。オリエンタルランドの収益性の高さは十分に認識していましたから、おそらく勢いで売ってしまったのだと思います。

持ち続けていれば大変な利益を生んでくれたはずですから、完全な大失敗です。早めに買い戻せばよかったのですが、「一度、売ったのだから」と何となく意地になって、いつまでも買わなかったようなところがあります。

ムダな意地を張らずに、「自分の理論立て通りに、すぐに買っておけばよかった」と、今でも反省しています。

この経験を通して、一時の感情に振り回されて無分別に動いてしまうと、往々にして大失敗することを学んだ気がします。

それ以降は、追加で買い増すことはあっても、買った株を手放すことは考えないようにしています。

まずは株を買って、自分なりの「価格の軸」を持つ

これから株を買い続けていくためには、実際に株を買ってみて、その銘柄に対する自分なりの「**価格の軸**」を持つことが重要です。

「価格の軸」というのは、株価の変動に惑わされないための、自分なりの判断基準を身につけるということです。

すでに配当株投資をやっている人であれば、「**取得利回り**」(購入金額に対する配当金の割合)や「**配当利回り**」(株価に対する配当金の割合)を判断基準にしている人もいるでしょうが、私は、「**自分が株を買った時の株価**」を**基準**にして、その後の株価の動向

を注意深く観察することが、最も適切な方法だと考えています。

「買った時の株価」を基準にすれば、今の株価が「割高か、割安か」で悩む必要がなくなります。

自分が買った時よりも株価が1～2割下がっていれば、「**今は積極的に買う時だな**」と、すぐに判断できます。

それが1～2割上がっている状況であれば、「**今はもう少し様子を見るべきだな**」と考えることができます。

これが「価格の軸」を持つということです。

配当株投資は、株価の動向に左右されるものではありませんが、自分で「適正」と思える株価で手に入れることができれば、それだけ取得単価を下げることができます。

仮に取得単価が上がっても、「自分でいいと思う銘柄だから、積極的に買っていこう」という判断もできます。

その適正価格を判断する基準が「価格の軸」なのです。

実際に自分で株を持っていないと、その銘柄に対する感度が甘くなります。

自分で株を持っていなければ、決算をきちんと確認したり、「株価はなぜこういう動きになっているのか？」など、その背景まで探ろうとは思わないものです。

自分で株を持って、**自分なりの「その銘柄に対する価格の軸」を作っておけば、目の前の株価の動きに振り回されることはなくなる**と思います。

末永く持ち続けることが可能な「永続投資」

私は自分が持っている株は、よほどのことが起こらない限り、**売るつもりはありません。**

売らないどころか、「権利収入」という配当金の利点を活かして、自分の子供や孫といった次世代の人たちに、そのまま渡していこうと思っています。

自分が手塩にかけて育て上げた「カネのなる木」を、次の世代にも活用してもらいたいと考えています。

最近は、インターネット上の売買が主流になり、「デイトレード」（株の売買を1日の中で完結させる投資方法）をはじめとする短期や中期の流動性が高い株式投資ばかりに注目が集まっていますが、本来、**株は自分の代で売らなければいけないものではありません。**

元々は「株券」（2009年に廃止）というものがあって、株は遺産や財産として子や孫に引き継ぐことが普通でしたから、私が特別に突飛な発想をしているわけではないのです。

配当株投資とは、株を売らず、長く持ち続ける「長期投資」であるだけでなく、末永く孫子の代まで持ち続けることができる「永続投資」でもあるということです。

「株価が下がったら買う」ではなく、買い続ける習慣を身につける

配当株投資で成果を得るためには、とにかく持ち株数を増やしていくことが大前提です。

「株価が下がったら買おう」と思ってタイミングを待っていたのでは、いつまで経っても、なかなか思い通りにはいきません。

株価が下がるタイミングを指をくわえてジッと待つのではなく、仮に横ばいであっても、高値であったとしても、それが「適正水準」であれば買い進めることが重要です。

わざわざ割高な株を買う必要はありませんが、「1株当たり利益」が上がったことで注目が集まり、その結果として株価が上昇したのであれば、そこが適正水準ということがわかります。

目先の株価だけで判断していると、「足踏み」のフリーズ状態が長く続くことになります。

ある程度の資産が増えるまでは、株価の動向はあまり気にせずに、自分が買える状況にあるならば躊躇《ちゅうちょ》なく買う……というクセを身につけることが大切です。

「どんな状況でも、**買える時に買い続ける**」というクセを身につけておかないと、なかなか前に進むことができません。

株価が下がっていたら、すぐに買う。

横ばいならば、迷わず買う。

高値になっていても、勇気を出して買う。

一歩でも前進するためには、つねに買い続ける姿勢を貫いて、とにかく株数を増やしていくことが先決です。

自分が長く続けられるならば、どんな買い方でもいい

月々の収入の中から少しずつ貯金をしていって、30万円とか50万円くらいまとまったら、株の追加購入に当てる……という習慣を意識的に身につけて、それを何度も繰り返すことが基本パターンとなります。

最近は1株から買える証券会社もありますので、それを活用することもできます。

自分で「長く続けられる」と思えれば、どんな方法でもいいと思います。

株式投資の世界には「**タイミング投資**」という方法論があります。

株価が大きく動くタイミングを狙って、ピンポイントで利益を上げる……という投資法ですが、私はこれを「**運頼み**」**の当てにならない投資法**だと見ています。

タイミング投資で利益を得たというのは、たまたまタイミングが合っただけの話で、そのタイミングを狙った結果ではありません。


運を味方にできるのは、実はタイミング投資をやっていない人だと考えます。

どんなタイミングでも躊躇なく株を買えるのは、長期間にわたって継続的に株を買い続けてきた人たちです。

どんな状況でもつねに買い続けていれば、たまには幸運に出会うチャンスもあるというだけのことです。

「ほったらかし」でも安心できる有力企業を選ぶ

配当株投資のカギを握るのは、「**どの企業の株を持つか?**」にあります。

その株は、長く持ち続けるだけでなく、次世代に手渡す大事なバトンですから、最低でも10年から20年くらいは、何があっても安心できる企業を選ぶ必要があります。

自分で「信頼できる」と思える企業であれば、株を買ってから「ほったらかし」にしていても、不安になることはありません。

逆にいえば、**ほったらかしにしても安心できるような企業を選ぶ**ことが大切ということになります。


株式投資を始めたばかりの頃は、株価だけを見て、自分が好きでもない企業の株を買って、手痛い思いをしたことがあります。

株価の動きというのは、その時点での美人投票というか、人気投票のような側面がありますから、何の根拠がなくても「ちょっといい感じだな」くらいのことで急上昇することがあります。

その印象だけで株を買ってしまうと、「**見た目はキレイだけど、中身はスカスカ**」であることに、後になって気づいたりするものです。

株式投資をやっている友人や知人などが、「この株は絶対に来るよ」などと勧めてくれた銘柄などにも、同じことがいえます。

それなりにいい時があるかもしれませんが、悪くなった時には「**あいつの口車に乗せられたな**」などと、人のせいにしがちです。

大事なのは、自分が納得できる銘柄を見極めて、その企業を信頼して長く持ち続けることではないでしょうか。

配当株投資のいいところは、稼ぐチカラがあって、そのシステムができ上がっている企業の株を買って持っていれば、その企業の優秀な社員の人たちが自分のために一生懸命に働いて、配当金を出してくれることです。

人材やお金、設備などがすべて整っている有力企業の株を買うだけですから、そこで汗水垂らして働く必要はありません。

ただ「ほったらかし」にしているだけで、配当金というお金を分配してくれるのです。

極端にいえば、「社員のみなさん、頑張って働いてください。**応援していますから、**

アガリだけちょうだいね」ということです。
自分のお金を投じて株を買えば、その権利を手に入れることができるのです。

配当株投資に向いている人、向いていない人

配当株投資は、株を買って持っているだけですから、投資用のお金を用意できる人であれば、**基本的には誰でもすぐに始めることができます。**

すぐに始めることはできても、その成果を得るまでには時間がかかりますし、始めた当初はその成果も地味なものです。

それをきちんと理解した上で始めるのであれば、誰でも続けることは可能です。

配当金が少しずつ着実に増えていくことに喜びを感じられるのであれば、その人は配当株投資に向いている人だと思います。

私は仮に1万円の配当金であっても、「**自分では何も働いていないのに、有名企業**

が不労所得をプレゼントしてくれた」と考えて、嬉しく感じるタイプです。

それが時間の経過と共にドンドンと積み上がり、配当金ダルマができていくことに大きな喜びを与えてもらっていると実感しています。

私が配当株投資の「沼」にハマっていることは前にも触れましたが、一度でもその魅力と破壊力の凄さを経験すれば、沼にハマり込む人は意外と多いのではないかと思っています。

逆に、最初の段階で**配当金の少なさに嫌気がさしたり、時間がかかることに焦れったさを感じてやめてしまう人は、配当株投資に向いてない人**になるのかもしれません。

一日に何度も株価をチェックする必要はない

必要以上に株価の動向をチェックして、一日に何度も一喜一憂を繰り返すような心配性の人も、配当株投資には向いていないかもしれません。

株価がどうなるかなんて、誰にもわからないことです。

今、この瞬間にどこかで大地震が起これば、株価はすぐに急落しますから、一日に何度も株価をチェックしたところで、何かが変わることはありません。

そもそも、配当株投資では株価の動向を気にする必要がないのです。

「世界が資本主義経済を選択している限り、経済はこれからも発展していくだろうし、企業は利益を上げていくだろう。企業が利益を上げ続けていれば、その恩恵を受ける権利が自分にはあるのだ」

そう割り切って考えることができれば、いくら心配性な人であっても、配当株投資の醍醐味を楽しむことができるのではないでしょうか？

大切なのは、**配当金ダルマが大きく成長するまで、淡々と株を買い進めながら、ゆったりと構えて、成果が出るのを待つ**ことです。

一度、腹を決めてしまえば、どんな心配性な人でも、どんなに「せっかち」な人でも、落ち着いて配当株投資に取り組むことができるように思います。

極端なことをいってしまえば、**自分が株を持っていることを忘れてしまう**……くらいの投資態度でいいのかもしれません。

私の場合は、ツイッターをやっている関係で、自分の持っている株だけでなく、持っていないものも含めて、毎日チェックしていますが、あくまで参考程度に日々の株価を確認する感じですから、それによって感情が揺らぐようなことはありません。

買いもしない、売りもしないのに、株価だけ毎日見て一喜一憂するのは、意味がないだけでなく、時間の浪費になります。

気が向いたら株価をチェックして、「**今日も株を買おう。頑張って、買えるだけ買おう**」と自分の投資マインドを鼓舞《こぶ》するくらいでいいと思います。

配当株投資の一番の強みは「誰にでもできる」こと

配当株投資の基本は、「1株当たり利益」があり、きちんと株主還元している企業の株を買って、それを持ち続けることです。

私自身が特殊な才能を持っているわけではなく、この投資法に際立った強みがあるわけでもありません。

何も特別なことがないからこそ、誰にでもできると考えています。

自分のペースで淡々と株を買って、それを持ち続けることを、私は「作業」と表現して、ツイッターで発信しています。

難しい「操作」や「特殊工作」を遂行するのではなく、**あくまで単純な「作業」を繰り返すだけ**ですから、幅広い世代の様々な人たちが無理なく実践することができます。

それが、配当株投資の一番の強みだと思います。

配当金コラム03

「インデックス投資」と「配当株投資」の違い

「木」を育てるか、「果実」を実らせるか

配当株投資と同じく、長期的なスパンで利益を上げる投資法のひとつに「インデックス投資」があります。

インデックスとは、指数とか指標のことで、インデックス投資は、日本を代表する株価指数の「日経平均株価」などと連動した運用成績を狙う「インデックスファンド」に投資する手法のことです。

ファンド＝投資信託には、毎月や半年、１年ごとに分配金が支払われるタイプと、解約や売却をするまで分配金が支払われず、それを再投資に回すタイプがあります。

分配金があれば、それが利益の確保になりますが、ファンドの運用効率は下がります。分配金がなければ、利益は株価の動きに影響されることになりますが、ファンドを通して企業への投資額は増えることになります。

このあたりが、配当株投資との大きな違いです。

配当金は企業が利益の一部を株主に還元するものですが、**分配金は投資信託が収益の一部を投資家に還元する**ものです。

企業が配当金を出しても、必ずしも株価が下がるわけではありませんが、分配金は投資に回せる資金を取り崩して還元しているため、あまり大喜びはできないという側面もあります。

私は、配当株投資は配当金という「果実」を実らせていくためのもので、インデックス投資はその果実を実らせてくれる「木」（企業）を太くて立派に育てていくもの……というイメージを持っています。

どちらに重点を置いて投資するかは、あくまで自分の好みの問題だと思います。

第4章

一生持ち続けることができる王道の配当銘柄

この株だけでOK!

「参入障壁」が高い業種の中から投資先企業を選ぶ

ここからは、配当株投資で最も重要なポイントとなる「**どの企業の株を所有すればいいか?**」について、詳しくお伝えしていきます。

そのベースとなるのは、「安定的に利益を生み出して、その一部を配当金として継続的に株主に還元している企業」となりますが、金額の差はあるものの、この条件を満たす企業は数多く存在します。

その中から、配当株投資の対象に相応しい企業を選ぶ際の「基準」を紹介します。

まず注目したいのが、「**参入障壁が高い企業**」に投資するということです。

参入障壁が高いとは、その業界に新規参入したいと考える企業にとって、参入の妨げとなるような障害が大きく立ちふさがっている状態を指します。

参入障壁には、大きく分けて3つの要因があります。

・既存企業に優位性（規模の経済性、ブランド力、技術力）がある
・法律的な規制がある
・著しく商品の差別化が図られている

参入障壁が高いということは、他の企業の参入が難しくなるため、毎年しっかりと利益を出している企業ということになります。

こうした参入障壁が高い業界の代表格は、次の4業種と考えています。

①「銀行・金融」
②「商社」
③「保険」
④「通信キャリア」

銀行業界はメガバンクを中心に圧倒的な存在感を示しており、商社や保険業界に関しても同じような状況になっています。

まず第1段階の絞り込みは、この4業種から選ぶのがいいと思います。

参入障壁が高い4業種から「稼ぐチカラ」の強い企業を選ぶ

新規参入が難しい4業種の中でも、とくに「稼ぐチカラ」のある企業を選ぶ基準は、極めてわかりやすいと思います。

その業界の中から、最も利益を上げている企業を選べばいいのです。

参入障壁が高い4業種のラインナップは、次のようになります。

①「銀行・金融」　第1位　三菱UFJフィナンシャル・グループ（8306）
　　　　　　　　第2位　三井住友フィナンシャルグループ（8316）

②「商社」　第1位　三菱商事（8058）
　　　　　第2位　伊藤忠商事（8001）

③「保険」　第1位　東京海上ホールディングス（8766）

④「通信キャリア」　第1位　NTT（日本電信電話・9432）
　　　　　　　　　第2位　KDDI（9433）
　　　　　　　　　第3位　ソフトバンク（9434）

「銀行・金融」と「商社」は、業界の第1位と第2位が圧倒的な存在感を示していますが、「保険」は東京海上ホールディングスがダントツの「一強」状態にありますから、第1位の1社だけを選びました。

「通信キャリア」は、3社が熾烈な競争を繰り広げて混戦状態が続いているため、第3位まで視野に入れる必要があります。

企業名の下にある4ケタの数字は、証券コードと呼ばれるもので、似たような名前の企業との混同を避ける目的で各企業に割り振られた識別番号です。

ここにあげた企業は、**日本人ならば誰もが名前を知っているような大企業ばかりであり、いわゆる「大型株」といわれるもの**です。

有名な大企業だから、安定的に稼げるわけではなく、安定的に稼ぐチカラがあるからこそ、有名な大企業になっているのです。

参入障壁が高い４業種の中から、最も利益を上げている企業を選ぶ。

これが配当株投資を成功に導くための、王道の道筋だと考えます。

業界の第1位と第2位の企業を投資先に選ぶ

銀行・金融の三菱ＵＦＪフィナンシャル・グループと三井住友フィナンシャルグループ、商社の三菱商事と伊藤忠商事が象徴的ですが、その業界で第１位や第２位の地位を占めている企業には、それなりの理由があります。

各企業が持つ魅力については、第７章で詳しくお伝えしますが、ここで確認しておきたいのは、**その業界のトップ企業には圧倒的な強みがあり、第２位の企業にはトップを追いかけるだけの実力がある**ということです。

これから配当株投資を始めるのであれば、その業界の第１位と第２位の企業の株を集中的に買い続けるだけでいいと思います。

何か思い入れがあったり、特別に好きな企業でもなければ、無理して第3位以下の企業まで手を広げる必要はありません。

「3割」以上のシェアを持つ企業は投資先の候補になる

業界の第1位と第2位の企業を選ぶことと関連しますが、その業界で高いシェアを握っている企業も有力な投資先の候補となります。

目安となるシェアは、「3割」くらいではないでしょうか。

他に7割近いシェアを持つ企業があれば話は別ですが、およその目安としては、3割のシェアがあれば、十分に強みを持った企業と考えることができます。

高いシェアを誇る企業は、ウェブサイトなどで、「当社は何とかの分野で何%のシェアを占めています」と強烈にアピールしていますから、すぐにわかります。

同じ業界のライバル企業のシェアを確認してみれば、その業界の勢力図が見えてくるので、これも参考にはなると思います。

シェアというのは、結果的にその業界内の順位と同じになってしまうことも考えられますが、一応の目安にはなると思います。

利益率が高い「ストック型ビジネス」の企業を選ぶ

ここに名前を挙げた企業には、ひとつの共通点があります。

「銀行・金融」、「保険」、「通信キャリア」というのは、すべて**「ストック収入」の業態**であるということです。

「商社」の場合は特殊ですが、それ以外は、基本的には「ストック型ビジネス」であることが大きな強みになっています。

ストック型ビジネスとは、**一度契約をしたら、その契約が終わるまでは継続して対価が得られるタイプ**のビジネスのことです。

商品やサービスを提供して、一度きりの売上げや利益を上げる「フロー型ビジネス」

とは異なり、先にお金が入ってきて、その後に商品やサービスを提供するため、継続的に利益を積み上げていくことが可能になるのです。

現在、世界レベルで躍進している「アマゾン」や「グーグル」、「アップル」などもストック型ビジネスに属しています。

幅広い世代の支持を集めている映像・音楽配信サービスなどのサブスクリプション（定期課金）なども、ストック型ビジネスの一種です。

モノを作って売るのではなく、先にお金を集めるビジネスですから、**利益率が高くなり、次のビジネスも始めやすくなります。**

ストック型ビジネスをしている企業を選ぶことも、配当金を積み上げていくための大事な手がかりとなります。

「商社」と「保険」が儲かりやすい理由

「商社」の場合は、必ずしも「ストック型ビジネス」のカテゴリーには入りませんが、先に商品やサービスを作らないとか、在庫を抱える必要がないという意味では、他の3業種と共通した強みを持っています。

世界各国で地下資源の「権益」を所有するなど、**商社特有の「権益ビジネス」も注目ポイント**です。

地下資源は世界レベルで利益を生み続ける可能性がありますから、今後の成長が大いに期待できると考えています。

「保険」業界が儲かりやすいビジネスであることは、多くの人が理解していることだと思います。

たくさんの人から保険料というお金を最初に集めて、保険会社がサービスを提供するのは何かが起きてからですから、その後のことです。

もしかすると、何も起こらないかもしれません。

その間、**保険会社は集めた資金を使って稼げばいい**のですから、ビジネスとしては非常に恵まれたシステムを持っています。

投資の神様と呼ばれるアメリカの投資家ウォーレン・バフェットが、保険事業を中核にしていることでも、それが秀逸なビジネスモデルであることがわかります。

日本の保険業界では**東京海上が圧倒的な存在感**を示しており、積極的な海外進出を展開しています。

ストック収入がドンドンと入ってきて、あとはそれに見合ったサービスを提供すればいいのですから、基本的には赤字になるような可能性は見当たりません。

今では保険業界の「絶対王者」のような存在であることを考えれば、有力な投資先と考えることができます。

大型株を買い進めて、早い段階で「地盤」を築く

配当株投資で着実に成果を手に入れていくためには、早い段階でしっかりとした「地盤」を築いておくことが大切です。

その地盤の基礎となるのが、これまでお伝えしてきたような大型株です。

まず最初に大型株を買い進めていけば、配当金が積み上がるだけでなく、精神的にも余裕が生まれます。

株価の動向に振り回されたり、あれこれと目移りせず、ゆったりとした気持ちで取り組むことが、長期投資には不可欠です。

ここで大型株を選ぶ際の基準を整理しておきます。

【基準①】「参入障壁」が高い業種から選ぶ
【基準②】業界の第1位と第2位の企業を選ぶ
【基準③】「3割」以上のシェアを持つ企業を選ぶ

【基準④】「ストック型ビジネス」の企業を選ぶ

こうした基準をクリアした上で、きちんと利益を出して、それを株主に還元する意識を持っている企業は、「長期保有に適した銘柄」と考えることができます。

歴史があり、実績があり、稼ぐチカラに優れているから、「地盤」とするのに十分な条件を兼ね備えているのです。

もうひとつの基準として、「**人の生活に不可欠なもの**」という視点もあります。

通信キャリアなどは、その典型例となります。

情報化社会の現代では、スマートフォンやケータイ電話は私たちが生活する上での必需品です。

通信キャリア各社が稼ぎ続けている理由は、日常と切り離して考えられない状況ができ上がっていることにあるのです。

大型株は想像以上に株価が上下に変動する

こうして選んだ大型株は、ある意味では「鉄板」と考えることができますが、想像以上に株価の変動があることを、前もって理解しておく必要があります。

日本を代表するような有力企業には、世界中の兆円単位のお金が集まっていますから、**何かが起こった時に真っ先に売られてしまうのが、これらの大型株**なのです。

プロの投資家や機関投資家（顧客から預かった資金の運用や管理をする社団や法人）が大胆に株を手放すと、個人投資家も慌ててそれに追随します。

その結果として、株価が急落することがあるのです。

株価が急落しても、そこで慌てふためく必要はありません。

有力企業の「稼ぐチカラ」が低下したわけではありませんから、ある程度の時間はかかるかもしれませんが、**株価は元の水準に戻る**ことになります。

「こちらの株が下がったから、あちらの株を売らなければいけない」という玉突き現象が起こっているだけのことですから、私たちまで動揺する必要はないのです。

こうした局面は、私たち個人投資家にとってはピンチでも何でもなく、逆にチャンスなのだということを知っておくことも重要です。

配当株投資は長い時間軸で取り組む投資法ですから、一時的な株価の下落が痛手になることはありません。

売らなければいけない人たちが売却して、株価が急落しているのであれば、それは持ち株を増やすための絶好のチャンスですから、慌てふためくのではなく、むしろ積極的に買い進める必要があります。

どんな局面でも買い続けるというスタンスを貫いていれば、ピンチをチャンスとして飲み込むことができるのです。

今から大型株を買っても、利益は十分に見込める

株式投資をやっている人の中には、「**今さら大型株を買ったところで、伸びシロは期待できそうもないから、儲かるはずがない**」と否定的に見ている人たちがいますが、私はまったく違う見方をしています。

日本を代表するような大企業ほど、**安定的に配当金を分配している**と考えています。その具体例を、通信キャリア大手のＫＤＤＩのケースで紹介します。

ＫＤＤＩは２０００３年３月期から20期連続で増配をしています。

直近の２０２３年３月期でも、配当金は１２５円から１３５円に10円の増配をしており、１株当たり利益は３００円を超える状態になっています。

現在のように利益を積み重ねていけば、１株当たり利益が４００円前後になった時には、配当金は２００円を超える可能性があります。

KDDIは人気の高い企業ですから、配当金が200円を超えることになれば、さらに多くの人が株を買うことになって、株価も上昇することになります。

1株当たり利益の増加率や増配の姿勢、それによって株価がどうなるのか……などを総合的に考えれば、**KDDIのような大型株にも十分に買う価値がある**ことがわかるのではないでしょうか。

大企業は懸命に決算予想の実現に取り組んでいる

配当株投資で成果を上げるためには、1株当たり利益の増加率や増配率だけでなく、大手企業の増配に対する「意識」や「姿勢」にも目を向ける必要があります。

日本を代表するような大企業は、その活動に大きな社会的責任が伴いますから、決算予想をする場合でも、予想の精度や確度が格段に高いだけでなく、決算予想を実現することに対して、懸命に取り組むような強い姿勢があります。

これは中小企業にはあまり見られない、大企業に特有の意識だと思います。

経営トップにとって、決算予想を実現できないことは、大変な「恥」となります。

大企業には、何が何でもやり遂げるという気迫がありますから、株主に分配する配当金にも、その強い姿勢と気迫が反映されている……ということです。


大企業は決算予想の実現のために、経費の大幅な削減を含めて、あらゆる手段を講じていますが、「**これはダメだな」と私が考えているのが人員の削減**です。

社員を辞めさせてまで決算予想を実現しようとする企業に、将来性があるとは思えません。

一時的な効果は得られるのかもしれませんが、そんな企業に対して、社員は頑張って働く気にはならないものです。

リストラによって業績を押し上げているような企業であれば、論外と考える必要があります。

ニッチな分野で伸びる企業や時代の流れをつかむ企業にも投資

配当株投資では、まず最初に王道の大型株を買い進めていくことが大事ですが、自分が納得できる「地盤」を作って盤石な体制ができ上がったら、自分の好きな企業や自分がいいと思える企業の株にチャレンジすることができます。

その原資となるのは、**大型株によって得られた配当金**です。

自分の大事な資産ではありますが、配当金をどう遣うかは自分の自由です。

それを遣ってしまっても、来年になれば、また配当金が入ってきます。

ある意味では、究極の不労所得ですから、思い切ったチャレンジが可能になります。

ポートフォリオの構成イメージとしては、ピラミッドの一番下に大型株でガッチリと土台を築いて、その上にオリックスやキヤノン、JTなどの個人投資家が好きな銘柄(第7章で詳解)を積み上げ、さらにその上に中小型の銘柄がいくつかあるという感じです。

中小型の銘柄の中にも、業績が良くて、株主にもしっかりと還元する企業がありますから、それを探し出して投資することも配当株投資の面白さのひとつとなります。

利益が上がれば嬉しいですが、利益が出なくても大きな痛手にはならず、そのチャレンジを余裕を持って楽しむことができるのです。

そうした企業を見つけ出すためには、次のような3つのポイントに注目してみるのがいいと思います。

【ポイント①】歴史のあるニッチな強みを持った企業を探す

その業界の1位から30位くらいまでを見ていくと、**業界内では下の方にいても、意外と安定的に利益を出して**いて、株主にもしっかりと還元している企業が隠れていることがあります。

何でもやっている総合デパート型の企業から、ある分野だけに特化した専門店のような企業まで、その業態は様々ですが、多くの場合、長い歴史のあるニッチな強みを持った企業がその条件を満たしていることが多いようです。

そうした企業は、今までずっと利益が伸びていても、あまり注目されていないため、利益の割には株価が上がっていなかったりします。

私の場合は、そんな企業を探し出して、いち早く投資することを楽しみのひとつにしています。

その株を持っていると、**ある時から急に注目を集め始めて一気に株価が上がり、いつまでも下がらない**ことがあります。

こうした状態が続けば、配当金の分配額が発表される決算時期が楽しみになります。株価はその後、企業にとっての適正水準に落ち着いて、横ばいが続くことになるのですが、こうした流れを見ていくことは、利益を得ることとは別の面白さがあります。株価にはあまり注目しないといいつつも、自分だけの面白さを見つけて刺激を受けることが、配当株投資を続けていくモチベーションの維持にもつながるのです。

【ポイント②】時代の流れを読んで、儲かりそうな企業を探す

現代は移り変わりの激しい時代ですから、大型株を除けば、この先10年とか20年く

らい、ずっと安定して稼ぎそうな企業を探し出すのは至難の業です。

その一方で、激しい移り変わりの中で、時代のニーズに合った企業を探し出すことを意識していると、新たな「鉱脈」を見つけることもあります。

私の場合でいえば、インターネット通販が盛んになり始めた頃に、「**これからはダンボール箱が必要になってくるだろうな。それを運ぶのも重要かな**」と考えて、ダンボールを作っている企業や運送会社に投資したことがあります。


2021年であれば、新型コロナの世界的な感染拡大によって、輸送の停滞や物流の混乱が起こり、コンテナ船の運賃が高騰しましたから、**海運業に着目**したのです。

コロナ禍でいうと、**百貨店の株にも注目**しました。

客足が減ったことで、百貨店株を手放す人が多かったのですが、本業の業績が上がらなくても、百貨店は一等地にある価値の高い不動産を豊富に持っていますから、「最悪の場合でも、不動産を活用すれば何とかなるのでは？」と見込んで少し多めに株を手に入れたら、予想通りの利益を得ることができました。

その百貨店は利回りがいい企業ではなかったのですが、きちんと株主に還元するところに魅力を感じたという面もあります。

今は株価が下がって、配当金も大きく下がるかもしれませんが、時間が経てば元に戻るだろうから、安い時に買っておけば、すごい利回りになるかもしれない……と考えたわけです。

本業だけにとらわれるのではなく、それ以外の部分にも目を向けることが大切だと思います。


2022年は、ロシアによるウクライナ侵攻や半導体不足が社会問題化しましたから、**資源株にも一層注目しました。**

資源株とは、石油や天然ガスなどのエネルギー資源や、アルミニウムや金などの鉱

図4 これが配当株投資「最強のポートフォリオ」

物資源の採掘、精製、販売をする、いわゆる資源企業が発行する株を指します。

このように、新聞やテレビ、ネットニュースなどを見ていて、気になることがあったら、すぐに調べてみると、意外な発見をすることができます。

【ポイント③】毎日の生活の中から気になる企業を探し出す

日常生活の中にも、面白い投資先を見つけるヒントがあります。

ゴルフでも洋服でも、何でもいいのですが、自分の好きなものがあれば、そこから手がかりを見つけることができます。

「最近、コレが人気を集め始めているようだな」→「どこの会社が作っているのだろう?」→「この会社、上場しているのかな?」→「上場はしているな。株価はいくらだろう?」→「まだ、こんなに安いのか!?」→「これから、もっと上がりそうだな」→「それじゃ、今のうちに買っておこうか」。

こんな発想をすれば、**自分の好きなことから「お宝」を見つけることができる**のです。

私はコーヒーが大好きなのですが、**初めてコンビニで100円コーヒーと出会った**

時、その旨さと安さにビックリしました。

これは、他のコンビニチェーンも追いかけることになるだろうな……。

そう考えた私は、その**コーヒーマシンを作っている会社**を調べてみました。

その会社はしっかりと1株当たり利益を出しており、株主に対してきちんと配当金を分配していることがわかったため、すぐに株を購入しました。

その後、100円コーヒーが人気を集めて、全国の各コンビニで売られるようになったのは、ご存知の通りです。

気になる企業の株を買う際の2つの注意点

自分が気になった企業の株を買う際には、前もって注意すべきことが2つあります。

ひとつは**購入のタイミング**の問題、もうひとつは**株価の動向**です

ニッチな強みを持った企業や、成長が見込まれる企業の株を買う場合は、メディアなどで取り上げられると、一気に株価が上がりますから、「メディアに紹介されたら、

もう手遅れだな」と考える必要があります。

自分が利用している店などで、「最近は店舗数も増えているし、便利だなぁ」と感じている段階であれば、まだ誰にも目をつけられていない可能性があります。

「ちょっと株価が上がってきているけど、それほど大幅ではないな」

そう思える状況であれば、それが株の買い時です。

その時点で株を買って持っていれば、いきなり店舗数が増えて、売上げが伸び、利益が増加して、配当金が増える……という圧倒的に有利な状況が期待できることになります。

もうひとつの注意点は、株価の動きを冷静に見守る必要があるということです。

株価というのは、その企業の収益を先取りして反映される「先行指数」ですから、「成長しているな」と思って慌てて株を購入すると、**その利益と比べてかなり割高になっているこ**とがあります。

その状況で企業のトップライン（売上高）が止まった場合など、株式市場が「あれれ、思ったより伸びなかったね」と反応して、株価が一度大きく下がり、そこから適正価格に落ち着いて、後は緩やかに成長していく……というケースが珍しくありません。

できることならば、株価が下がった時に買った方が初期費用が抑えられますから、そのタイミングの見極めが重要になります。

「勢いで焦って飛びつくと、割高になる可能性がある」ということも、事前に知っておく必要があります。

配当金コラム04

大型株で年10万円の配当金を得る方法

迷わず「王道」の豪華ラインナップを揃える

配当株投資の「基盤」となるのは、日本を代表するような大企業が発行する大型株です。

配当金を長期的、安定的に得るためには、この大型株を中心に買い進めていくことが第一歩となります。

どのような組み合わせで大型株を買えば、年間10万円の配当金を得られるのか？

これから配当株投資を始める人にとっては、このあたりの目安が最も気になるところだと思います。

１年間に10万円程度の配当金を手に入れるためには、その時の株価水準次第ですが、約300万円ほどの投資費用をみておく必要があります。

その内訳は、私であれば、次のような「王道」の豪華ラインナップを考えます。

●三菱ＵＦＪ　６００株
●三井住友　１００株
●三菱商事　１００株
●伊藤忠商事　１００株
●ＮＴＴ　１００株
●ＫＤＤＩ　１００株

これらの株を買って持っていれば、優良企業の優秀な人材、設備、技術が一生懸命に働いてくれますから、あとは毎年、勝手に入金される10万円を楽しみに待つだけです。

その配当金を再投資したり、新たに買い足して持ち株数を増やせば、受け取る配当金はさらに増額されることになります。

第5章

「1株当たり利益」で優良銘柄を見抜く!

この企業は
稼いでいるのか?

「1株当たり利益」を判断基準にする意味と効果

配当株投資を手堅く進めていくためには、「この企業は稼ぐのか？　稼がないのか？」という一定の判断基準を持つことが重要です。

これから株を始めようと思った人が投資本を読んで見ると、世の中には様々な判断基準があることがわかります。

「株価収益率」（PER）や「株価純資産倍率」（PBR）、「自己資本利益率」（ROE）など、思わず頭がクラクラするような難しいワードに戸惑った人もいるでしょうが、私はここでも「王道」の基準を選択するのが一番だと思っています。

それが、第2章でも紹介した「**1株当たり利益**」（**EPS**）です。

1株当たり利益は、次のような計算式で求めることができます。

「1株当たり利益」（円）＝「当期純利益」÷「発行済株式総数」

純利益とは、その企業がすべての支払いを済ませた後の最終的な利益を指します。

なぜ「営業利益」（企業が本業で稼いだ利益）や「経常利益」（全体の儲けから経費などを差し引いた利益）ではなく「当期純利益」で計算するかというと、**当期純利益が株主への配当の原資**だからです。

配当金は当期純利益の中から企業ごとの判断によって支払われ、残りの利益は株主の資産（純資産）として企業内に蓄えられることになります。


この「1株当たり利益」を見れば、その株が「**どれだけ稼いでいるか？**」を端的に知ることができます。

企業の稼ぐチカラが上がれば、それが数字となって現れます。

稼ぐチカラが落ちてくれれば、それを素早く見抜くこともできます。

その企業に、「どのくらいの稼ぐチカラがあるか？」が判断できるのです。

私は個人投資家が信じるに値するような基準は、「1株当たり利益」だけではないかと思っています。

株価の動向というのは、**需要と供給で形成される、いわば人気投票のようなもの**です。

トップライン（売上高）がいくらであろうが、営業利益や経常利益がどうであろうが、その企業を正確に判断するための材料は、決算で発表される最終的な数字だけです。

そのすべてが凝縮された結果が、「1株当たり利益」なのだと考えています。

すでに株式投資をしている人でも、これを見落としているケースが意外に多いように思います。

「株価収益率」（PER）を基準にして、その株が「割高か？　割安か？」の判断に迷ったり、「この株は、なぜこんなに高いの？」と理解に苦しんでいる人は、決して少なくないのではないでしょうか？

そうしたことは、「1株当たり利益」を見ればすぐにわかることなのです。

ここからは、「1株当たり利益」を基準にして、配当株投資に適した優良銘柄を見抜く方法を「基本編」、「応用編」、「実践編」の3つの段階に分けて、詳しくお伝えします。

PART 01

【基本編】

1株当たり利益で企業の「稼ぐチカラ」を見抜く

1株当たり利益は、株主が持っている1株に対して、「企業がいくらの利益を上げているのか？」を知るための指標です。

その企業の収益性や成長の度合いがわかるだけでなく、純利益を発行株数で割って算出しますから、**規模の違う企業同士を比較する際にも役立ちます。**

私の場合は、1株当たり利益を基準にして、その企業の実力を判断してから、様々な要素を加味して検討をくわえていきます。

1株当たり利益を、**投資先の企業を選ぶための「第一関門」**と考えているのです。

その手順を段階的に紹介すると、次のようになります。

【手順①】1株当たり利益を「過去」に遡《さかのぼ》って調べることで、その企業がどれだけ成長しているか……を確認する。
【手順②】売上げに対して、「営業利益率」がどのくらいなのか……を確認する。
【手順③】その営業利益率は、「競合他社」と比べてどうなのか……を比較する。

企業によっては、トップライン（売上高）だけが高くて、営業利益が少なかったり、利益率が低いために利益が出ていないところもあります。

1株当たり利益の源泉となるのは営業利益や経常利益であり、それが純利益となって1株当たり利益につながっていきます。

営業利益や経常利益の推移をチェックすることが、その企業の「稼ぐチカラ」や今後の「成長性」を見抜くことになります。

この段階で、「これだけの1株当たり利益であれば、相当すごいな」と思えるようなら、さらに次の段階に進みます。

ここで初めて「株価」や「株価収益率」（ＰＥＲ）をチェックします。

【手順④】株価を見て、今どのくらい買われているのかを知ることで、その株価がどの程度、1株当たり利益の将来性を見越しているのかを確認する。

【手順⑤】競合他社の「株価収益率」と比較して、その企業が突出して稼いでいるのか、横並びなのか、あるいは遅れを取っているのかを判断する。

「株価収益率」とは、「株価が1株当たりの純利益の何倍になっているのか?」を見ることによって、会社の収益力(稼ぐチカラ)を知るための指標です。

1株当たり利益と株価を組み合わせることで、**「1株当たりの当期純利益の何倍で、株が買われているのか?」**を判断することができるのです。

その計算式は、次のようになります。

「株価収益率」(PER)=「株価」÷「1株当たり利益」

こうしたことを複合的、多面的に検討すれば、その企業が配当株投資に相応しい企業かどうかを見極めることができます。

1株当たり利益の「判断基準」は業種によって異なる

1株当たり利益で企業の「稼ぐチカラ」を判断する際には、**その業種の特徴を理解しておく**ことが大切です。

業種によっては、飛躍的な成長が見込めなかったり、ずっと低迷していて、ある時に爆発的に1株当たり利益が伸びたりするケースがあります。

判断基準は業種によって異なりますから、現状の数値だけで考えるのは避けるべきだと思います。

その具体例を、いくつかの業種で紹介します。

【ケース①】
「通信キャリア」――市場が飽和状態のため、爆発的な成長は期待できない

日本の通信キャリアは現在、NTT、KDDI、ソフトバンクの大手3社が三つ巴の大混戦を繰り広げて、それを楽天が追いかける状態が続いています。

スマートフォンや携帯電話の普及が進んだことで、ケータイ市場はすでに飽和状態を迎えており、そもそも爆発的に何かが売れたから利益が上がるという業種でもありません。

今後は企業努力によって、**1株当たり利益が少しずつ右肩上がりになっていけば、それだけで十分**と見る必要があります。

【ケース②】「商社」——時事的な要素が業績に大きな影響を与える

ロシアによるウクライナ侵攻が象徴的ですが、商社の業績というのは世界情勢などの時事的な要素が複雑に影響を及ぼします。

2022年の場合も、**ロシアの影響で減損処理を余儀なくされる一方で、エネルギー資源の高騰によって大きな利益を上げている**企業もあります。

商社の特徴は、世界の情勢や経済の動向によって、極端に利益を上げることもあれば、一気に下がることもあるということです。

【ケース③】

「自動車」――内的要因と外的要因の両方から見る

トヨタ自動車のような巨大企業の場合は、**2つの視点から見る必要**があります。

ひとつは、「カイゼン」に象徴されるようなコストカットのための内部努力や、クルマの販売台数の増減などの内的要因から見ること。

もうひとつは、原材料や資材などの高騰や不足をどのように吸収して利益を高めているかという外的要因を見ることです。

この2つの要因が、「どのように1株当たり利益につながっているのか?」を検討してみることが大事です。

【ケース④】

「ゲーム」――大ヒット商品が生まれると爆発的に利益が上がる

業種的には「IT・通信」に分類されるコンピューター・ゲーム業界の任天堂は、5年とか10年に一度くらいのペースで「ニンテンドースイッチ」のような大ヒット商品を生み出しています。

その時には1株当たり利益も爆発的に伸びますが、その後は少し下がり、またヒット商品が誕生して大きく伸びる……という状況を繰り返しています。

こうした特徴を持っている企業の場合は、その時点の1株当たり利益だけを見ても意味がなく、**長期的に見ていく必要**があります。

リーマン・ショック前後からの推移を確認する

「1株当たり利益」は、基本的には右肩上がりであることが大切ですが、業種によっては、必ずしもそうならないことがあります。

一時的に低迷することがあっても、過去数年を振り返ってみて、きちんと右肩上がりであることが確認できれば、それほど気にすることはないと思います。

仮に前年と比べて下がっている場合でも、その原因が明らかであれば、とくに問題にする必要はなく、それが**大きく上がった翌年であれば、下がるのは仕方がないこと**です。

大事なのは、これまでの流れを振り返ることによって、着実に成長しているかどうかを確認することです。

1株当たり利益のこれまでの推移を見る場合は、**リーマン・ショックの頃まで遡るのが一番いい**と思います。

ありとあらゆる産業が影響を受けたのが、リーマン・ショックからの流れです。

リーマン・ショックのような世界規模の金融危機が起こった時、その企業が「どんな影響を受けたのか？」、「そこからどのように頑張って利益を上げて、株主にいくらの配当金を出してきたのか？」について知るということです。

危機的な状況にあっても、減配はせず、横ばいであったり増配している企業もありますから、リーマン・ショックの頃まで遡ることによって、その企業の稼ぐチカラや基礎体力を推し量ることができます。

各企業のホームページを見れば、そうした情報がアップされていることもありますが、**株式情報サイト『ＩＲ ＢＡＮＫ』**をチェックすれば、企業の長期的な業績がわかります。

私も、ちょっと掘り下げて企業の業績を調べたい時は、このサイトを活用しています。

過去5年くらいの業績をチェックするならば、個人投資家向けの『株探《かぶたん》』という情報サイトを利用することもありますが、正直なところ、**過去5年間を振り返ったところで、あまり意味はない**ように思います。

現時点から5年間を遡った場合、企業の業績に影響を与えるような出来事はコロナ禍ということになりますが、コロナ禍の影響は意外に限定的で、飲食店や旅行会社、航空会社や空港などが打撃を受けたことは周知の事実だからです。

配当株投資は最低でも10年くらいの期間を想定しますから、過去の実績を見るならば、**少なくとも10年は遡る**必要があります。

10年前から見ていけば、「もし10年前にこの株を買っていれば、配当金は3～4倍にはなったんだな」ということがわかり、「今、この株を買えば、もしかすると3～4倍にはなるかもしれないな」と漠然と予想することもできるのです。

「株価」や「株価収益率」をチェックして競合他社と比較する

配当株投資に相応しい企業を選ぶためには、「1株当たり利益」を判断基準の軸に置いた上で、株価をチェックして競合他社と比較検討することが大切です。

1株当たり利益がいくら高くても、株価がものすごく高い状態であれば、その資金で買える株数は少なくなります。

株を買う際は、株価にも目を向けて判断する必要があります。

単純に1株当たり利益だけで考えるのではなく、その時点の株価との関係を考慮して、**「同じ投資金額に対してどのくらいの利益があるのか?」を競合他社と比較**しながら判断することが大事なのです。

「株価収益率」(PER)は、**その株価が1株当たり利益の何倍になっているか**を示す指標で、一般的には、その**数値が高ければ得られる利益と比べて「割高」、低ければ「割安」**といわれています。

私の場合は、その業界によって株価収益率の判断基準が異なると考えていますから、ひとつの企業の株価を評価するためではなく、業界内での各企業の「位置づけ」を判断したり、その業界の成長性を見るために株価収益率を確認しています。

業界の第1位から第5位までの企業の株価収益率を過去に遡って見ていけば、その業界の平均的な株価収益率を知ることができます。

それを見れば、その業界がどんな状況にあり、今後どうなるかを予測することができます。

その数字と比べて、その企業の現在の株価収益率がどうなっているかを検討すれば、それが割高か割安かも判断することができるのです。

ここでも検討の対象とするのは、その業界の第1位と第2位の企業となります。

第1位の企業が業界の水準と比べて高い株価収益率であれば、「今は割高だから、少し様子を見るかな」と判断します。

第2位の企業が低い状態であれば、「今は買う時だな」と考えて、積極的に買い進めることができます。

業界全体でこれから伸びていく可能性を確認した上で、現状で出遅れている企業の株を買えば、今後の成長性が期待できるということです。

「割高だから買わない」わけではない

配当株投資は株を手放すことを前提としていませんから、基本的に株価を意識することはありませんが、必要以上に割高な株を買うと、**不測の事態が起こってどうしても株を売らなければいけない状況になった時などに、株価の下落リスクに直面する**ことになります。

仮に割高な状態で株を買っても、その企業が成長を続けていれば、株価はさらに上がっていきますから、あまり神経質になる必要はありませんが、できることならば、あまりにも割高な株は時期を見た方が賢明だということです。

自分の目標額に向かって配当株投資を進めていく際には、その株が多少は割高であっても買わざるを得ない状況がありますから、あくまで一定の「目安」と考えるだけで十分です。

株価が割高な時に買って、それが翌年に下落した場合には、それを好機と考えて、また積極的に買えばいいだけのことなのです。

投資家によっては「株価収益率が高い時は株を買うな」と主張している人もいますが、私は「**買った後に1株当たり利益が上がれば、基本的には株価収益率は低くなる**」と考えているのです。

繰り返しになりますが、配当株投資を上手に進めていくためには、複合的、多面的、多角的なアングルで株価やその推移を冷静に観察することが重要です。

私の場合は、株価の動向だけでなく、仮に配当金が減配になったとしても、きちんとした理由が明らかで、それに対する企業の考え方が納得できるものであれば、**減配もNGではない**と思っています。

一度は「しゃがむ」ことがあっても、それが次の「ジャンプ」につながるのであれば、問題視する必要がないからです。

配当株投資は長期投資ですから、目先の状況をすべて悲観的、否定的に考えていたのでは、目標を達成できないだけでなく、メンタルをやられることになります。

1株当たり利益を確認する際の注意点

1株当たり利益は企業の利益が上がれば、その数値が上昇することになりますが、企業の業績とは関係なく下がる局面があることも、あらかじめ知っておく必要があります。

【1株当たり利益が下がるケース】

●「**増資**」——企業が資本金を増加させること

●「**第三者割当**」——株主か否かを問わず、企業が特定の第三者に対して、新たに発行する株を引き受ける権利を与える資金調達方法のひとつ

●「**ストックオプション**」——企業が役員や従業員に対して、特定の金額で自社の株式を購入する権利を与えること

企業が「増資」や「第三者割当」、「ストックオプション」を実施すると、**発行済株式総数が増えるため、1株当たり利益は下がる**ことになります。

その企業の1株当たり利益を確認する際には、こうした動向に対しても注意を払う必要があります。

PART 02 【実践編】

「有望株」を探し出すための6つの視点

1株当たり利益の基礎知識が理解できたら、次はその知識をベースにして、「具体的にそれをどのように活用するか？」という段階に入ります。

複合的、多面的、多角的なアングルで企業を見るためには、単に1株当たり利益だけで判断するのではなく、そこに新たな視点を加味する必要があります。

ここからは、実践編と題して、有望株を探し出すための「6つの視点」を紹介します。

【視点①】1株当たり利益を超える配当金を出す企業をどう考えるか？

1株当たり利益の数値を用いて投資先企業を評価する指標のひとつに「**配当性向**」と呼ばれるものがあります。

配当性向とは、会社が税引後の利益である当期純利益の中から、「**どのくらい配当金を支払っているのか？**」を示したもので、次のような計算式で割り出します。

配当性向（%）＝1株当たりの配当額÷1株当たりの当期純利益×100

配当性向が高ければ、その企業は「**株主に対して多くの利益を還元している**」ということがわかりますが、その半面、企業側の利益はその分だけ少なくなりますから、積極的な投資などができなくなる可能性があります。

株主の立場から見ると、配当金をたくさん出してくれるのは嬉しいが、その結果として企業の「稼ぐチカラ」が落ちてしまうのは困る……という微妙な関係があるのです。

日本企業の配当性向は、**一般的に30〜40％前後**ですが、例えば1株当たり利益が100円の企業が、毎年150円とか200円の配当金を出していたら、どのように考えればいいのでしょうか？

多くの配当金を出してくれる「おいしい企業」と見るか、「そんなことをして、本当に大丈夫なのか？」と不安に感じるか、判断の分かれるところだと思います。

こうしたケースは、実は意外に身近なところにあります。

日本を代表する大手精密機器メーカーの「キヤノン」（7751）も、そうした企業のひとつです。

キヤノンは配当性向が高い企業として知られており、2016年と2019年、2020年には、**配当性向が100％を超える配当金**を出しています。

その当時、投資家の間では、「キヤノンは、そろそろ減配するのではないか？」と噂され、不安視されていたという経緯があります。

2019年には、1株当たり利益116円に対して160円の配当金を出していましたが、2020年に発生したコロナ禍によって、2020年12月期には**160円から80円に大幅減配**しています。

キヤノンは「稼ぐチカラ」のある企業ですから、2022年には配当金が120円まで回復していますが、図らずも投資家の不安がコロナ禍によって現実化してしまったと見ることもできます。

この他にも、何度も**配当性向が100%を超えていても、一度も減配していない「武田薬品工業」**（4502）のような企業もあります。

私の場合は、1株当たり利益を超える配当金を出し続けている企業は、内部留保金として蓄えた利益を吐き出すことになりますから、将来的に減配する可能性があると見て、慎重に判断するようにしています。

【視点②】1株当たり利益が大きく変動する企業は要注意

1株当たり利益を基準に投資先の企業を選ぶ際には、その数値が緩やかな右肩上がりを描いていることが重要です。

その年によって大きく上下動するような企業には、安心して自分の資産を託す気持ちにはなれないと考える必要があります。

ある年の1株当たり利益が100円だった企業が、次の年は50円、その次の年は

200円、さらに次の年には20円と変動したのでは、安心できません。

「核となる事業は大丈夫なのか?」と疑いの目で見るのは当然のことだと思います。

こうした変動が許容できるのは、**「ソフトバンクグループ」(9984)やトップクラスの商社**くらいに限られると考えています。

ソフトバンクグループは積極的に投資事業を展開していますから、何千億円の赤字を出した翌年には、何兆円という利益を出しており、投資家の間ではそれがごく普通のことと受け取られています。

商社の場合は、天然ガスが出る場所を1000億円で買ったものの、利益が見込めないので減損処理した結果、1000億円の損失を出して、1株当たり利益が下がる……ということが珍しくありません。

商社の稼ぐチカラは圧倒的ですから、チャレンジした結果の減損処理は、ある意味では仕方がないことだと思います。

1株当たり利益は、一定の水準を保ちながら、ジワジワと右肩上がりになっていることが大切です。

明確な理由がわからずに上下動している企業の場合は、要注意と考える必要があります。

【視点③】狙い目は「成長企業」が「成熟企業」に育つタイミング

1株当たり利益と同じくらいか、それ以上の配当金を出す企業というのは、すでに**「成熟段階」**に入った企業ではないかと私は見ています。

企業がまだ「成長段階」にある場合は、次々と新規事業に資金を投入する必要があるため、株主に配当金を出せるほどの余裕がありません。

トップラインを伸ばして、それが株価に反映されれば株価が上昇しますから、「株主のみなさん、それでいいですよね」という考え方が基本にあります。

その成長段階を抜けて、成熟段階に入ってくると、新規事業を育てる必要がなくなり、内部留保として利益を持ち続けていても、**それを次の成長に充てられないという判断によって、株主に還元しているの**ではないかと考えています。

配当株投資を主軸に置いている私からすれば、株価の上昇を目指す成長企業ではなく、配当金をしっかりと出してくれる成熟企業に目を向けるのは当然のことです。その代表的なものが、安定感のある大型株ということになります。

私の経験では、**「成長企業」が「成熟企業」に育つタイミングが、最も旨味がある**のではないかと思っています。

人間でいえば、子供が大人になる前の「成人」を少し超えたあたりの時期です。この時期を迎えると、トップラインの伸びも緩やかになってきますから、企業としても「ようやく株主に利益を還元できるようになってきたかな」と考え始めます。

資金的にも配当余地があるので、「今までありがとうございました。これから株主に還元していきますよ」という感謝の気持ちが出てくるのです。

1株当たり利益が低く、配当金を出していなかった企業が10円、20円と配当金を右肩上がりで積み上げて、10年くらい経った頃には「**あの時に買っておいてよかった**」と思えるほど成長して、増配に結びつく可能性があるのです。

大事なのは、そうした段階にある企業を見つけて、株を買っておくことです。

配当株投資で重要なタイミングがあるとしたら、そうした局面に達した企業を素早く見抜いて、**すぐに投資することだ**と思います。

【視点④】成熟段階まで成長する「有望株」の見極め方

成熟段階まで達するような企業には、いくつかの共通点があると思います。

まずは、営業利益を含めて、トップラインが毎年2割とか3割のレベルで伸びて、「この企業は一体どこまで成長するのだろう」と感じさせるほどの勢いで業績をアッ

図5 企業が「成長」から「成熟」段階に移る時が狙い目

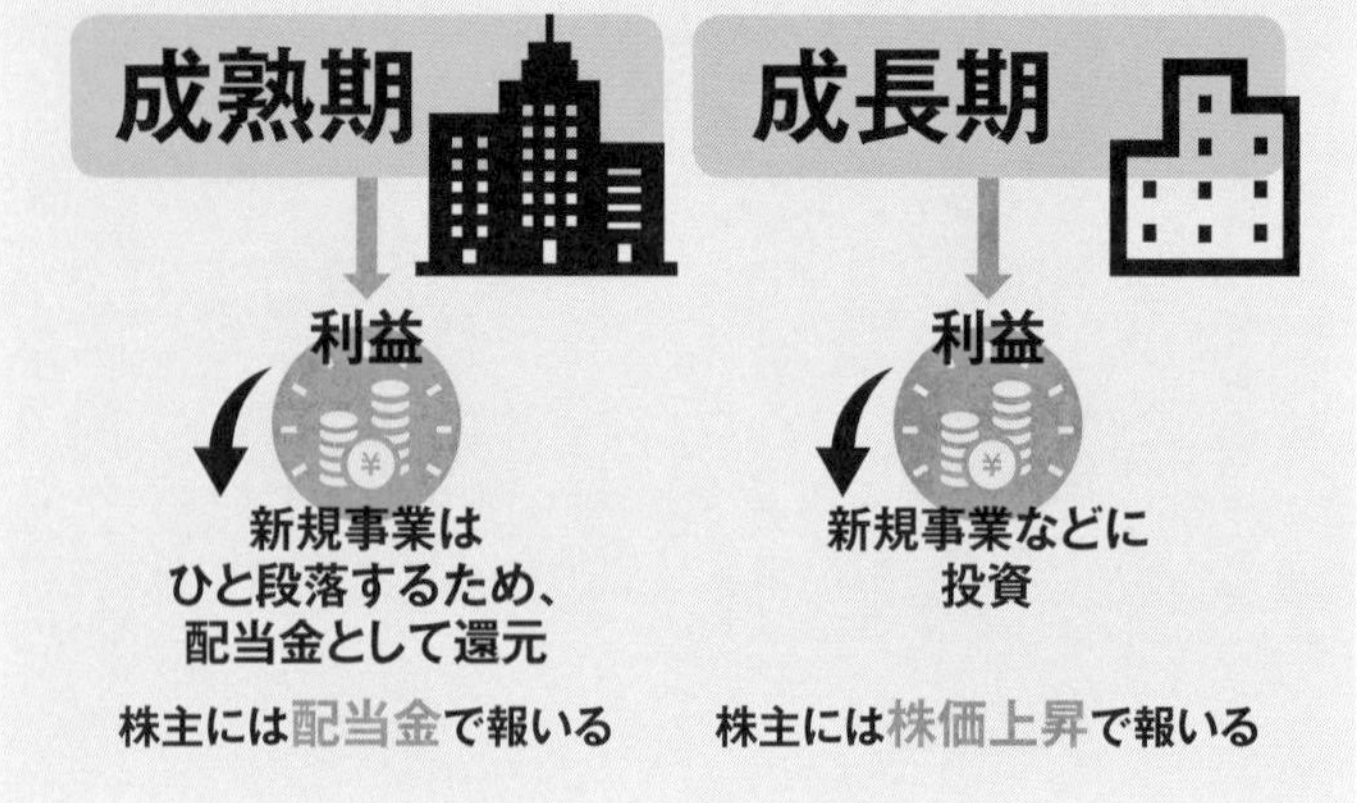

成熟期
利益
新規事業は
ひと段落するため、
配当金として還元
株主には配当金で報いる
成長期
利益
新規事業などに
投資
株主には株価上昇で報いる

プさせるのが第一段階です。

その勢いがしばらく続くと、やがて上昇カーブが緩やかになってきます。

これが第2段階で、この頃になると、それまで「当社はこのように成長しています」と発表していた企業が、「**そろそろ配当金を出しますよ**」みたいなことを言い始めます。

それは企業がウェブサイトなどで発信する「業績予想」や「企業情報」を読めば、すぐに確認できます。

1株当たり利益が100円あたりで、それまで無配を続けてきた企業が「それでは、5円の配当金を出します」と言い出したら、**株主に対する還元姿勢を見せ始めた**と考えていいと思います。

それまで無配だった配当金が5円になり、それが20円くらいになったら、「この企業は株主還元の方向にシフトを始めたな」と判断するきっかけになりますから、この段階で株を買い始めるのがいいと思います。

あまりにも早すぎると、「配当金をきちんと出す企業なのかどうか」がわかりません。

あまりにも遅すぎると、「旨味のある時期」を逃すことになります。

それを見極めるタイミングが大事なポイントになるのです。

【視点⑤】地元に特化した「稼ぐチカラ」のある企業を探す

約3800社ある上場企業の中には、その企業特有の強みを持ってしっかりと配当金を出しているところもあります。

そうした企業を見つけて投資することも、配当株投資の醍醐味のひとつです。

少し前の話になりますが、私もそうした独特の強みを持つ企業と出会って、ずっと株を持ち続けています。

その企業は、「**沖縄セルラー電話**」(9436)という、その名の通り沖縄に拠点を置く通信キャリアです。

ある日、通信キャリアの動向をネットで眺めていたら、見知らぬ企業を発見しました。「沖縄セルラー?」→「なんだ、これ?」→「KDDIの子会社なの?」→「沖縄に特化しているのか?」→「面白い会社だな!」

調べてみると、興味深いことが次々と判明しました。

沖縄セルラー電話は、ＫＤＤＩの連結子会社として、沖縄でａｕを主軸に事業展開をしている企業でした。

驚くほど急成長しているわけではありませんが、「**沖縄は人口が増えているから、そこに特化した企業というのは何か強みがあるのかも**」と思って、買ってみることにしたのです。

その後、沖縄セルラー電話は「沖縄にいったら、まずそこと契約する」というような、**地元に深く根付いた「愛されている企業**」であることがわかってきました。

そうした強みがジワジワと多くの人の間に広まり始めて、少しずつ注目を集めるようになり、今では「株価が上がる」→「１株利益が上がる」→「配当金も上がる」という、非常にいい状態になっています。

この先、企業名の看板だけ残してＫＤＤＩに吸収されるようなことがあれば、それはそれで株主としては「御の字」だと思っています。

沖縄セルラー電話は業界のトップを争うような企業ではありませんが、「地元に特化した」という特有の強みを持っています。

個性的な強みを持った企業が、まだまだ他にもあるのではないか……。

こうした視点で新たな「お宝」を探すことは、利益とはまた別の楽しみを与えてくれるものだと思っています。

【視点⑥】「減配」の可能性がある企業の株を買うこともある

私が「減配する企業を選んでも、必ずしも失敗とはいえない」と考えていることはすでにお伝えしましたが、それがどういうことなのかを「ＪＴ」（２９１４）を例に紹介します。

ＪＴ（日本たばこ産業）は、たばこや医薬品のメーカーとして、日本人なら誰もが知っている超有名企業です。

ＪＴは２００５年から連続増配を続けてきた優良銘柄ですが、２０２１年に１９９４年の上場以来、初めてとなる減配（前期比14円減の１４０円）をしています。大ニュースとしてメディアが報道しましたから、ご記憶の方も多いと思います。

現在、日本中に「**嫌煙ムード**」**が蔓延**していますから、ＪＴの主力商品である紙巻きたばこが売れなくなり、その減少に歯止めがかからないのが現実です。

「この先、ＪＴは大丈夫なのか？」という心配の声があるのは当然ですが、私は何の心配も感じていませんでした。

なぜならば、ＪＴは「おそらく減配するだろうな」と思っていましたから、ある意味では「**織り込み済み**」のことだったのです。

国内のたばこの消費がこれだけ落ち込めば、いずれ減配することは避けられません。減配は避けられないけれども、いずれは元のような増配企業に戻るだろうと考えていたからです。

その根拠は、次のような４点にあります。

①たばこ製造の独占権が認められており、参入障壁が高い
②稼ぐチカラのある企業で、利益率が高い
③海外に主力を置いており、売上げの約６割は海外事業

④たばこ関連企業では世界第3位の規模

日本国内のたばこ消費量は急激に減少していますが、現在のマーケットはロシアやアジア諸国を中心とした世界中に広がっており、5年や10年でどうにかなってしまう企業だとは、どう考えても思えないのです。

実際、減配したとはいえ、きちんと140円の配当を出していますから、私としては十分に「許容範囲」と判断しました。結果的に、2022年12月期には188円に増配しています。

たとえ投資先の企業が減配をしても、その原因がはっきりとわかっているならば、あまり気にすることなく、買い進めるのが得策だと思っています。

PART 03 【応用編】
配当株投資との正しい向き合い方

配当株投資は長期投資ですから、多額の初期費用でも持っていない限り、そのプロセスをショートカットできる「近道」はありません。

基本編と実践編が理解できた段階であれば、あとは「どのように配当株投資と向き合っていくか？」という**姿勢の問題になってくる**と思います。

ここからの応用編では、配当株投資で成果を上げるための意識の持ち方と新たな有望株を探すコツについて触れていきます。

「配当株投資＝高配当株を買う」という意識を捨てる

配当株投資の基本は、この先、増配が期待できそうな企業を見つけて、なるべく早い段階に、できれば安い投資金額で株を取得する……ということにあります。

それが、その後の利益に直結するだけでなく、ワクワク感やモチベーションの維持にもつながるのですが、すでに配当株投資を始めている人の中には「**配当株投資というのは、要するに高配当株を買えばいいのだろう**」と決めつけている人が意外と多くいるようです。

「Yahoo!ファイナンス」などにアップされる配当利回りのデータを見て、**その上位から順番に買っていく**という人も決して少なくないのです。

それを全否定するつもりはありませんが、そのアプローチでは、なかなかいい結果が得られないのではないかと思っています。

上手く成長が続いてくれれば何の問題もありませんが、その時点でいくら高配当であっても、それがマックスの状態で、その後は減配するだけということがあります。**減配になれば株価も下がりますから、二重のダメージを受ける**ことになるのです。

こうした事態を避けるためには、現時点の配当利回りだけで判断するのではなく、一度立ち止まって、「**この企業はなぜ高配当になっているのか?**」という理由について、その背景を含めて理解しておく必要があります。

その理由がわかれば、「競合他社と比べてどうなのか？」、「株式市場の動向の中で、どんな位置にいるのか？」など、幅広いアングルでその企業の持ち味を冷静に見つめることができるのです。

現時点では高配当ではない企業でも、業績を見て、1株当たり利益を見て、その企業のホームページを見れば、「こんなふうに株主に還元する姿勢を謳《うた》っているのだから、この企業の1株当たり利益が上がっていけば、配当金が上がっていくのだろうな」という推測ができます。

そこで株を買って、5年くらい経った頃に「あれっ、取得利回りで見ると、高配当になっているな……」と気づくのが、一番いいのではないかと思います。

単純に「高配当株を買う」というスタイルでは、利益だけでなく、そこから得られる喜びや楽しさも低くなってしまう……と考える必要があるのです。

「高配当ランキング」を鵜呑みにしない

「高配当ランキング」というのは、企業が発表する配当予想を目安にして、日々の株価などを反映して計算していますから、**株価が下がれば、配当利回りは上がり、逆に株価が上がれば、配当利回りは下がります。**

株価に大きな変動がなければ、高水準の状態が1年間ずっと続くことだってあるのです。

その年だけ記念配当や特別配当を出しているケースがあるなど、**必ずしも企業の「稼ぐチカラ」や過去の業績を正確に反映しているとは限りません。**

ランキングだけを指針にするのは、リスクがあることを知っておく必要があります。

配当利回りが下がっている企業でも、株価が上がっているならば、そこには何らかの理由があるはずです。

もしかすると、その企業が来期に配当を増やす可能性があり、それを見込んで多くの人が株を買っているため、結果として株価が上がっていることだって考えられます。

仮にランキングの下の方にいる企業でも、その時点で株を買っておけば、増配して来年には上位に入っている場合だってあるのです。

パッと見ただけの高配当ランキングを鵜呑《うの》みにするのではなく、その背景にあるものを、もっと深く考えてみる必要があると思います。

私の場合、**高配当ランキングはあくまで参考資料**と考えて見るようにしています。毎年5月くらいになると、各企業のその年の配当予想が出揃うのですが、「Yahoo!ファイナンス」のランキングは、それが反映された形で掲載されることになります。それを見て、「この銘柄はなぜランキングに入っているのか?」とか、「その背景には何があるのか?」など、新たに面白い銘柄を探すための手がかりとして活用しています。

配当利回り「2%」を基準に企業をチェックする

情報サイトなどで新たな有望株を探すためには、配当利回りが「2%」くらいの企業に注目するのが有効な方法だと思います。

現在の上場企業の平均的な配当利回りが約2％で、**一般的に4％を超えると高配当株**とされています。

配当株投資では、**増配しそうな企業の株を早めに買って持っておく**ことが大切ですが、その目安としては、「配当利回り2％」あたりが妥当ではないかと考えています。

その段階の企業であれば、株価の面でも取得利回り的なメリットがあり、**企業の伸びシロにも期待**が持てます。

配当利回りが1％の企業でも別に問題はないのですが、それでは最初の配当金があまりにも少なすぎるため、モチベーションが上がりにくくなりますから、2％あたりを目安にするのがいいと思います。

配当利回り2％を基準に企業を見ていくと、「あれっ、この業種に2％の企業があるな」、「競合他社はどうなっているのだろう？」などと、自分なりの検討ができるようになります。

それを起点にして、参入障壁の高低やこれまでの取り組み方を調べていけば、配当株投資に相応しいと思える企業を選ぶことができます。

もし、何もアイデアが浮かばないようならば、**2%の企業の中から、自分が知っている企業を選び出すのでもいい**と思います。配当株投資は、株を長く持って、できるだけ買い続けていくことですから、自分の知っている企業であれば、末永く応援することができるからです。

配当利回り2%の企業の株を買って種をまいておけば、その花が咲く日を楽しみにして待つことができます。

仮に10%ずつ増配していくことになれば、

図6 高配当銘柄の落とし穴に注意!

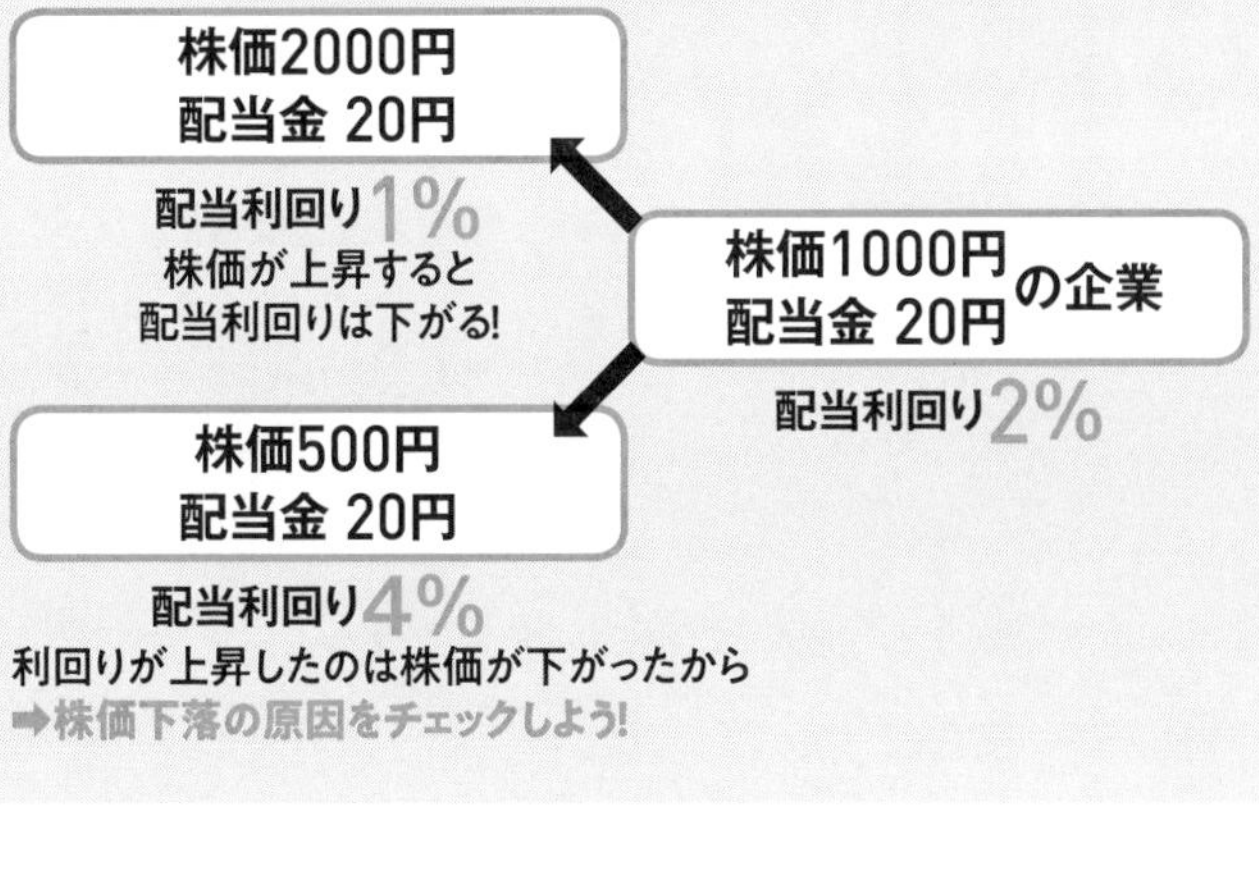

やがて「**配当利回り5%**」という大輪の花を咲かせる日がやってくることもあります。

それを期待してワクワクしながら待つことが、配当株投資の本来あるべき姿なのかもしれません。

配当金コラム05

純利益のすべてを配当金に出す企業

オイシイか? リスキーなのか?

「配当利回りランキング」などを見ていると、配当性向が１００％を超えていたり、純利益予想の全額を配当金として分配している企業を発見することがあります。

これを「オイシイ企業」と考えるか、「リスキーな企業」と見るかは判断の分かれるところですが、私の場合であれば、次のような観点で検討します。

【観点①】過去の実績を調べて、**それが今年度だけなのか、**翌年度も続くのかを考える。

【観点②】企業の「ＩＲ」(投資家向け広報)を読んで、その理由や**株主に対する姿勢**などを探る。

【観点③】その利益を活用して**稼ぐ自信がない**から、株主に分配しているのではないか……という可能性を考える。

【観点④】**企業防衛のため**に、株価を高めようとしているのではないか……という可能性を考える。

【観点⑤】一般投資家のためではなく、**筆頭株主のためにやっている**のではないか……という可能性を考えてみる。

自分が調べられる範囲で事実関係を確認して、あとは妄想や想像を膨らませて、様々な角度から検討することになります。

こうした発表をした直後は、株価が上がり、いつかはわからなくても、やがて従来の配当性向に戻る時期がやってきます。

高い株価で買って、従来の配当性向に戻った時に、その取得単価が自分の許容できる範囲なのかどうか？

そのあたりが、見極めのポイントになると思います。

第6章

持っているだけで利益が増える「増配銘柄」の探し方

絶対手に入れたい!

企業のウェブサイトで「増配実績」を調べる

配当株投資で着実に資産を増やしていくためには、「増配」する企業を選んで、そこに集中的に投資していくことが重要です。

増配する企業を探すヒントは、**その企業のウェブサイトで見つけ出す**ことができます。

まずはこれまでの推移を見て、その企業が「どのように配当金を出してきたのか？」をチェックします。

過去の推移から「増配実績」が確認できたら、今度はそこに掲載されている情報の中から必要なデータをピックアップします。

そのポイントは、次の3つとなります。

①「1株当たり利益」はどう推移しているか？
②「増配率」は上昇しているのか？

③「配当性向」はどの水準にあるか？

私はこの3つのチェックポイントが、ここでの「王道」だと考えています。

前章で詳しくお伝えした通り、「1株当たり利益」がなければ、企業は配当金を出すことができませんから、これが一番最初に確認すべきことです。

それに続いて、「増配率」をチェックすることで、「この企業は右肩上がりで利益を上げているのか？」→「どのくらい株主に対して還元を続けているのか？」→「配当金はどのくらい増えているのか？」を確認します。

それで問題がなければ、次は「配当性向」をチェックします。

配当性向が低すぎるのは魅力的でないとしても、あまり高すぎても、将来に向けての増配の可能性が減ってしまいます。

一般的には30％〜40％程度が多いのが現状ですから、**この水準を一応の目安**と考えてもいいかもしれません。

企業によっては、配当性向を30%と決めて、それを明言しているところもあります。そうした企業であれば、1株利益がそれを上回ることによって、増配することが強く期待できます。

こうしたデータが確認できたら、「そもそも論」的なことになりますが、ウェブサイトの「投資家情報」などから、その企業の「還元姿勢」を確認します。

シンプルなことですが、ここが意外に重要なポイントです。

「弊社は株主に対して、配当金を還元しています」

こうした文言をホームページに掲載しているかどうかは、必ずチェックすべき項目です。

大事なポイントは、1円でも5円でもいいから、「少しでも増配しよう!」という気力のある企業を見つけることです。

企業が発表している「中期経営計画」を確認する

上場企業は自らの経営ビジョンを実現するために、大きく3つの経営計画を発表しています。

その年ごとに作成される「短期経営計画」、3〜5年後を見据えた「中期経営計画」、10年後をまとめた「長期経営計画」がそれですが、**「中期経営計画」を見れば、この先、3年くらいの配当予想を確認する**ことができます。

ほとんどの企業が、「中期経営計画」の中で「弊社はこのように株主還元をしていきます」と自社の還元姿勢を明確に打ち出しています。

ここで株主還元に触れていない場合は、増配の可能性だけでなく、配当金もナシということも考えられますから、必ずチェックする必要があります。

企業によっては、この「中期経営計画」の中で、**「累進配当」を宣言**しているところもあります。

累進配当とは、減配することはなく、最低でも配当維持、できる限り増配を実現する……という配当方針のことで、次のような企業が累進配当を明らかにしています。

●銀行――「三井住友フィナンシャルグループ」(8316)
●商社――「三菱商事」(8058)
●商社――「伊藤忠商事」(8001)
●不動産――「いちご」(2337)
●不動産――「日本エスコン」(8892)

累進配当を打ち出しているのは、ごく一部の企業に限られます。

増配している企業の多くは、「中期経営計画」の中で、株主還元や自社株買いなどによって、1株当たり利益を上げて、配当を増やしていきます……というようなことを謳っていますから、あえて累進配当を宣言する必要はないと考えているようです。

「配当性向」と「配当利回り」は両方を見る必要がある

ここまで読み進めてくださった方の中には、「配当性向」と「配当利回り」の違いが、「もうひとつ理解できない」と感じている人がいるのではないでしょうか？

似たような言葉ですから、ゴチャゴチャになるのも無理はありませんが、増配銘柄を探すためには、きちんとその違いを理解しておく必要があります。

繰り返しになりますが、ここで改めて詳しく説明しておきたいと思います。

まずは、次の3つの計算式を頭に入れておいてください。

もし難しければ、何度もこのページに戻れば大丈夫です。

①「1株当たり利益」(円)＝「当期純利益」÷「発行済株式総数」
②「配当性向」(％)＝「1株当たり年間配当金」÷「1株当たり当期純利益」×100
③「配当利回り」(％)＝「1株当たり年間配当金」÷「1株の購入価額」(株価)×100

「配当性向」は、その期の純利益の中から、「企業がいくらの配当金を出しているか？」を示しています。

ここで注目してほしいのは、**「株価」は一切考慮されていない**ということです。

もうひとつの「配当利回り」は、「1年間に1株で得る予定の配当金」に対して、「現在の株価はいくらなのか？」という割合を示しています。

今度は「株価」が反映された代わりに、**「1株当たり利益」が抜け落ちています。**

配当株投資で利益を得ていくためには、「1株当たり利益」と「配当性向」、「株価」という3つの観点から「株のチカラ」を判断することが重要です。

そのためには、「配当性向」と「配当利回り」の両方の観点で見る必要があるのです。

「配当利回り」と「取得利回り」の違いを理解する

増配銘柄を探すためには、「配当性向」と「配当利回り」の両方をチェックする必要がある……と理解できたら、その次は「**配当利回り**」と「**取得利回り**」**の違い**について知っておくことが大事です。

配当利回りが「現在の株価に対する配当金の割合」であるのに対して、取得利回りは、「買った時の株価に対する配当金の割合」を示しています。

増配によって得られる利益を判断する際には、この2つの観点で考える必要があります。

現在の株価が「1000円」で、「100円」の配当金が得られる株を持っていると仮定します。

現時点の配当利回りは「100円÷1000円×100」で「10%」です。

この株の株価が上昇して、「2000円」になった時に買ったとしたら、配当利回りは「100円÷2000円×100」で「5%」と半分になります。

株価が2000円になっても、配当金が「200円」に上がれば、配当利回りは「200円÷2000円×100」で「10%」に戻ります。

配当金が「200円」になった時、株価「1000円」で買っていた株は「200円÷

1000円×100」で「20%」の配当利回りを上げていますから、現時点の2倍も稼いでくれていることがわかります。

現時点の配当利回りと、株を買った時の取得利回りを比較すれば、その株が「**どのくらいの利率で利益を上げているのか?**」を、客観的に判断できるのです。

配当株投資の重要なポイントは、「**自分がいくらで株を買って、現在いくらの配当金を得ているのか?**」という点にあります。

自分の投資金額に対して、どのくらいのリターンを獲得しているのか?

これがすべてですから、目先の「配当利回り」に振り回されるのではなく、「**もともといくらで株を買ったか?」を基準にして、「取得利回り」で考える習慣**を身につけておくことが大切です。

株を買い増した時は「平均単価」で取得利回りを考える

「取得利回り」は株を購入した時の株価が基準になりますから、株を買い増していく場合は、新たに買った株価を含めて、**「平均単価」で考える必要**があります。

ある株を高い株価で買っていた人でも、株価の安い時に買い足せば、平均単価が下がることで、取得利回りは上がります。

その株を安い株価で買っていた人が、株価が高い時に買い足せば、平均単価が上がることによって、取得利回りは下がります。

大事なのは、**稼ぐチカラがあると自分が見込んだ企業の株をできるだけ早く買って、その配当金を受けながら、新たな増配企業の株を買い続けて種をまいていく**ことです。

それが、結果的に取得利回りを上げることにつながって、高配当株として大輪の花を咲かせることになるのです。

私は、「三菱ＵＦＪフィナンシャル・グループ」の株を４００円以下の時代に買って、今でもずっと買い続けています。

当時はまだ配当金はなかったのですが、その将来性を見込んでいたから、自分で納得して買ったという感じです。

現在は株価も倍以上になり、配当金も32円（２０２３年３月期予想）を出す企業に大きく成長しています。

これから株を買う人にとっては４％くらいの取得利回りになりますが、４００円以下で買っている人は10％に近い水準になっており、現在のように右肩上がりの増配が続けば、**取得利回りが10％を超える可能性もある**と思っています。

「恩株が新たな恩株を生む」という好循環を生み出す

「取得利回り」を基準に考える習慣が身につくと、自分が持っている株に対して「恩《おん》株《かぶ》」という発想ができるようになります。

恩株とは、**「元本を回収して、利益を生み出すだけの株」**をいいます。

具体的には、次のような段階で、恩株が生まれます。

例えば、株価が500円の株を買って、毎年50円の配当金を受け取ったとします。

10年すれば配当金の合計は500円となって、取得コストはゼロになります。

すでに元本の500円は回収済みですから、持っている株は何もしなくても配当金という利益をもたらしてくれる「カネのなる木」となります。

この株は投資コストを負担する必要がなく、**ただ恩恵を受けるだけの株**となるため、恩株と呼ばれているのです。

所有している株が恩株になれば、**コストゼロで配当金がもらえます。**

その配当金は自由に遣うことができますが、それを再投資すれば、新たな恩株作りに一歩踏み出すことになります。

「恩株が恩株を生む」……という夢のような好循環を生み出すことも可能になるのです。

配当金コラム06

「減配リスク」とどう向き合うか?

ピンチではなく「チャンス」と考える

配当株投資では、無配や減配という状況に対して「どう向き合っていくか?」も大事なポイントとなります。

一時的な無配や減配は、原因がわかっていれば、それほど心配する必要がないことは、すでにお伝えした通りです。

「1株当たり利益」と「配当性向」の推移を過去10年くらい遡って確認しておけば、「そろそろ増配のペースが緩みそうだな」とか、「数年先には減配もありえるな」という予測ができます。

淡々と配当株投資を進めていくためには、この2つをきちんと見ておくことが重要だと考えています。

仮に1株当たり利益が100円の企業があったとして、現在30円の配当金を出していれば、配当性向は30%です。

その企業が過去から毎年5円ずつ増配していて、1株当たり利益が変わらなければ、配当金が70円くらいになった時点で、配当性向は70%となります。

平均的な配当性向は30～40%ですから、**「いくら何でも増配も止まるかな」**という見当がつきます。

それがさらに増えていって配当金が80～90円になれば、**「もうそろそろ減配するだろうな」**と予測ができます。

そこで減配して株価が大きく下がるようなことがあれば、その時には、株を買って株数を増すだけですから、減配は逆に「チャンス」と考えることができるのです。

配当株投資では、「株価の動きに一喜一憂する必要がない」のと同じく、増配や減配についても、あまり過剰に反応する必要はありません。

何が起こっても、淡々と対処すればいいだけのことです。

第7章

配当太郎が注目する15銘柄の「今後」を診断!

増配を期待!
株価はどうなる?

注目15企業の「実力」と「魅力」を探る

最終章では、時価総額が1兆円を超える15の注目企業に焦点を当てて、業績や配当実績の推移、企業としての魅力や特徴を詳しくお伝えします。

時価総額とは、「株価×発行済株数」で算出する企業価値を表した指標で、現在のリアルな「稼ぐチカラ」だけでなく、将来における成長性への期待を示すものとされています。

時価総額が高いほど、企業としての価値が大きく、社会への影響力も大きいと判断されますから、この先、投資先企業を選ぶ際の参考になると思います。

【診断①】

「三菱UFJフィナンシャル・グループ」（8306）

01

日本最大の金融グループは「長期保有」に適した銘柄

三菱UFJフィナンシャル・グループは、メガバンクの「三菱UFJ銀行」や「三菱UFJ信託銀行」、「三菱UFJ証券ホールディングス」などを傘下に置く三菱グループの金融持ち株会社です。

国内最大の金融グループであるだけでなく、リーマン・ショックの時にアメリカの世界的な金融機関「モルガン・スタンレー」に出資して、持ち分適用会社にしています。

アメリカでガッチリと稼いでいることはもちろん、**アメリカを拠点に金融ビジネスのグローバル展開を加速化させている**のが現状です。

この10年の配当実績は、**2012年3月期が12円だったのに対して2022年3月期は28円となり、2023年3月期は32円まで上昇する見込み**です。

10年間で2倍以上は上がっており、配当性向は30％前後で推移しています。

1株当たり利益が大幅に増えているわけではありませんが、日本最大の金融業として着実に稼いでいます。

自社株買いなども積極的に行っているので、**総還元額は相当に高いと考えていい**と思います。

このグループのウェブサイトには「株主還元の基本方針」として次のような姿勢が示されています。

《資本の健全性や成長のための投資との最適バランスを検討した上で、配当を基本として株主還元の充実に努める方針》

《利益成長を通じた1株当たり配当金の安定的・持続的な増加を基本方針とし、2023年度までに配当性向40％への累進的な引き上げをめざす》

このグループの単元株（株の売買単位）は、1単元10万円以内ですから、意外と手を出しやすいと思います（２０２２年12月末時点）。

現在は、普通預金や定期預金の利息は驚くほど低い状況ですので、預金者としてお金を預けるだけでなく、資本家として利益を享受する必要があります。

金融業の場合、他の業界に見られるような急激な利益の増加は望めないと思いますが、着実に多くの利益を上げていますから、**株価にとらわれずに10年とか20年くらい持ち続ける銘柄としては、非常に適している**と見ています。

【診断②】

「三井住友フィナンシャルグループ」（8316）

02

「累進配当」を明言している銀行業界のナンバー2

三井住友フィナンシャルグループは、三菱UFJと同じように、傘下に三井住友銀行や三井住友カード、SMBC日興証券などを有する持ち株会社です。

コロナ禍の影響で2021年3月期は業績が悪化しましたが、それでも連結純利益は5000億円を超えており、2022年3月期は7000億円レベルまで回復しています。

銀行業界ではナンバー2の位置にありますが、**稼ぐチカラは国内企業で10本の指に入る**水準です。

この10年の配当実績は２０１２年３月期が１００円で、２０２２年３月期が２１０円ですから、**10年間で2倍以上に増えています。**

このグループのウェブサイトには、こんな表現で株主還元の姿勢が示されています。

《配当は、累進的配当、すなわち「減配せず、配当維持もしくは増配」する方針です》

実際、**この10年で一度も減配をしておらず、配当性向も40％くらい**のため、まだまだ還元余力があると考えられます。

「累進配当」を明言していますから、それを信じて買っても、裏切られることはないように思います。

三井住友の単元株は50万円くらいですから、三菱ＵＦＪよりも敷居が高いかもしれませんが、その魅力は甲乙つけがたいものがあります。

関東圏の方なら三菱ＵＦＪ、関西圏の方なら三井住友など、自分が慣れ親しんでいる銀行株を選んでもいいと思います。

【診断③】

「三菱商事」（8058）

「累進配当」を続ける総合商社のナンバー1企業

03

三菱商事は世界中に「資源権益」を持ち、コンビニ「ローソン」などの優良な子会社を数多く抱えた日本を代表する総合商社です。

業界的には、第2位の伊藤忠商事と「追い越し、追い越され」の関係にありますが、この2社が業界を牽引していることに変わりはありません。

その稼ぐチカラは圧倒的ですから、私も10年ほど前から株を買い始め、折に触れて株数を増やしながら配当金の恩恵を受け続けています。

この10年の配当実績の推移を振り返ると、**2012年3月期の65円が、2022年**

3月期には150円まで2倍以上に増えていますから、同じ株数を維持していれば、何もしなくても配当金が倍になるという状況が続いています。

この間、連続して増配しているわけではなく、2013年3月期と2016年3月期には資源価格の下落の影響によって配当金は50円台に減配していますが、いずれの場合も翌年には元の水準以上に戻っています。

現在は逆に資源価格が高騰している状態ですから、近年は凄まじい利益を上げている状況が続いています。

今後、少しくらい資源価格が下がるようなことがあっても、**十分な資金のストックがあるため、それほど極端な減配はない**と思っています。

三菱商事の場合は、景気の動向などによって業績が大きく左右される「景気敏感株」のひとつと考える必要があります。

何かのきっかけで株価が2割から3割、場合によっては4割近く下がることがあります。

株価が下がったら、何の心配もせずに、株を買い増すことができるのが三菱商事のような大型株の魅力です。

こうした株価の激しい上下動は、伊藤忠商事など他の商社にも共通した特徴といえます。

三菱商事のウェブサイトには、「配当情報」として次のように明記されています。

《2022年度より開始された『中期経営戦略2024』においても、「累進配当」の方針を継続致します》

1株当たり利益が高い時には、増配や自社株買いなどの株主還元も積極的に行っていますから、今後もそれが期待できると考えていいと思います。

【診断④】

「伊藤忠商事」（8001）

業界ナンバー2に躍り出た「黒字」を堅持できる総合商社

04

伊藤忠商事は、この10年で最も成長した総合商社です。「連結純利益」や「時価総額」で業界トップの数字を叩き出して、三井物産を抜いて商社業界の第2位の位置に躍進しています。

2012年3月期の配当金は44円でしたが、2022年の3月期には110円と2倍以上になっています。配当性向も三菱商事と同様に30%程度で推移しています。

伊藤忠商事は、2021～2023年度の中期経営計画「Brand-new Deal 2023」の株主還元方針を、次のように発表しています。

《1株当たり配当金は前期比30円増額の140円》
《350億円の自己株式取得を決定》

要するに、この10年で配当金は3倍以上も上がり、今後も自社株買いを進めて、株主にドンドンと利益を還元していきます……と宣言しているのです。

伊藤忠商事の特徴は、繊維や機械などの「海外トレード」（貿易）と「事業投資」を2本柱にして「**非資源事業**」**を主力にしている**ことです。

資源価格の影響を受けにくいため、**他の総合商社が減損処理で赤字の時にも、しっかりと黒字を堅持できる**「しぶとさ」と「強さ」があります。

とくに、中国関連事業では圧倒的な強みを発揮して、ほとんど独断場となっています。

逆の見方をすれば、それだけ中国経済の影響に左右されるということですが、基本的には収益力が高く、株主還元をしっかりとやっていく企業ですから、今後も配当金は増加していくだろうと考えています。

【診断⑤】

「東京海上ホールディングス」（8766）

05

圧倒的な「収益力」を誇る損保業界のダントツ1位企業

東京海上ホールディングスは、損保業界の超トップ企業です。

「MS&ADホールディングス」や「SOMPOホールディングス」と共に「3メガ損保」と呼ばれていますが、その収益力はダントツで飛び抜けていますから、**損保業界は実質的には東京海上の「一強」**の状態にあります。

この10年の配当実績は、**2012年3月期の50円が2022年3月期には255円となっていますから、5倍以上も大幅に上昇**しています。

2022年秋には1株を3株に割る「株式分割」を実施しているため、これまでの3

分の1の投資額で株が買える状態になっています。

株式分割とは、1株をいくつかの株に分割して、発行済みの株の数を増やすことです。今回のケースでは、1株が3分割されたことで、1株当たりの配当金は3分の1に下がりますが、株数が3倍になりますから、株主が実質的に得られる利益は同程度です。企業としては、株の単価を下げることによって、さらに多くの人が株を買ってくれることを期待しているのです。

この分割によって、**初心者でも購入しやすい水準になってきた**と思います。

第4章でお伝えした通り、損保業界の強みは契約者から先に保険料をもらう「ストック型ビジネス」であることですが、東京海上は積極的なM&A（合併と買収）によって事業の海外展開を図っており、安定的に利益を上げています。

天変地異や大きな災害が起これば、その莫大な支払いが利益に影響を及ぼす可能性は常にありますが、現在はライバル不在のような状況です。

《当社では、配当を株主還元の基本と位置付け、利益成長に応じて持続的に高める

方針としております》

東京海上のこの方針は、この先も十分に信頼できると考えています。

【診断⑥】

「NTT」(日本電信電話)(9432)

10年以上の「連続増配」を続ける通信キャリア界のガリバー

06

NTT(日本電信電話)は、国内通信キャリア最大手のガリバー企業です。

2020年にはNTTドコモを完全子会社化しており、この他にも、NTT東日本や西日本、NTTコミュニケーションズやNTTデータなどの優秀な子会社を傘下に持って、安定した経営を維持しています。

2020年に株式分割をしているため、配当の推移は少しわかりにくくなっていますが、**2020年3月期の段階で11期連続の増配**を続けています。

この時点の配当金は、年間95円となっていますが、2023年3月期は120円となる見込みですから、連続増配は継続されそうな状況です。

NTTのウェブサイトには、「株主還元に関する基本方針」として、次のような内容が掲載されています。

1株当たり利益は、《2023年度は370円の目標を掲げ、利益成長に向けて取り組んでおります》。

さらに、《利益還元として、12期以上にわたって連続増配を続けており、自己株式取得も機動的に実施しております》

総額4・7兆円に及ぶ自社株買いや、大幅な経費の圧縮などの取り組みによって、**1株当たり利益は緩やかではあるものの確実に右肩上がりで推移**していますから、長期投資をする上では、組み入れるべき代表銘柄のひとつと考えることができます。

ＮＴＴの場合は、国(具体的には財務大臣)が株の3分の1を保有している特殊会社のため、こうしたことも株主還元に積極的な理由かもしれません。

通信業は、利用者が契約者になる「ストック型ビジネス」の典型ですから、安定的な収益を見込むことができます。

近年は、電話などの音声サービスに代わって、ブロードバンド関連の通信事業が主な収益源となっており、「dポイント」などの非通信事業にも積極的に取り組んでいるため、**稼ぐチカラが極端に落ちる可能性は低い**と考えています。

懸念材料があるとすれば、稼ぎ頭のモバイル事業が国内では飽和状態になっていますから、今後は大手3社がシェアの食い合いをしているだけということがひとつ。

もうひとつは、菅政権下で実施された**通信料の値下げが、いつまた実施されるか**という点があるかと思います。

とくに、固定電話と光通信の料金は下がっていませんから、ここにメスが入ると収益に影響が出る可能性があると見ています。

【診断⑦】

「KDDI」（9433）

「20期連続増配」を実現している業界第2位の総合通信企業

07

KDDIは、NTTに次ぐ国内第2位の総合通信企業です。「au」の安定的なモバイル事業だけでなく、「じぶん銀行」や「auカブコム証券」など、非通信ビジネスの分野にも積極的に取り組んで業績を伸ばしています。

KDDIのウェブサイトには、堂々たる「配当方針」がアップされています。

《KDDIは、2002年度より20期連続の増配を実現しています。「配当性向40％超」と「利益成長に伴うEPS（1株当たり利益）成長」の相乗効果により、今後も、持続的な増配を目指します》

20期連続の増配ですから、企業として大いにアピールするのは当然のことです。

「配当金の推移」の項目でも、強気な姿勢でこう明言しています。

《2021年度の1株当たり年間配当金は前年度比+4・2%の125円と20期連続の増配となりました。2022年度においては、前年度比+8・0%の135円を予定しています》

20期連続の増配、配当性向40%超、1株当たり利益の成長……。

現在のような業績が維持できれば、よほどの事態が起こらない限り、継続的な増配が期待できる企業と見ていいと思います。

KDDIの前身は、1985年の「電電公社」民営化の際に設立された「第二電電」ですから、NTTに対して「追いつき、追い越せ」の気迫が感じられます。

NTTは国が大株主であるため、法律や認可制などで様々な制約に縛られていますが、**KDDIには軽快なフットワークで様々な事業ができる**という強みがあります。

「じぶん銀行」の成功などは、その代表例だと思っています。

KDDIが今後、その民間色の強さを活かして、様々な有力企業と事業展開を進めていけば、そのスケールはさらに拡大すると見ています。

【診断⑧】

「ソフトバンク」（9434）

配当性向が「80%」を超えている3大通信キャリアの一角

08

ソフトバンクは、2018年12月に上場した3大通信キャリアの一角を占める企業です。

親会社の「ソフトバンクグループ」（9984）と混同されることがよくありますが、

この場合は単体のソフトバンクを指しています。

5年前の上場時の公募価格は1500円で、現在の株価もその近辺で推移していますが、配当実績は2019年3月期が37・5円だったのに対して、**2022年3月期には それが86円まで伸びています**から、「高配当株」と見ていいと思います。

ソフトバンクのウェブサイトには、次のような還元姿勢が示されています。

《当社は、株主の皆さまに利益を還元していくことを重要な経営課題の一つとして位置付けています。中期還元方針として、2020年度から2022年度の株主還元方針を「総還元性向85%程度」と定めています。

さらに、1株当たり配当金については減配を行わないこと、加えて自己株式の取得を機動的に実施することを、株主の皆さまにお示ししています》

実際、1株当たり利益もわずかながら増益しているため、現時点では間違いなく高配当株なのですが、配当性向はすでに80%を超えている段階ですから、**今後の積極的**

な増配はなかなか見込めないかもしれない……という点が不安材料だと考えています。

２０２１年３月期から２０２３年３月期までは、配当性向85％を目安にしているので、今の水準は維持されるとは思いますが、２０２４年３月期からどうなるのかは、ウェブサイトの記載に注意を払う必要があります。

ソフトバンクの場合、**「ＰａｙＰａｙ」の上場があれば、それが好材料になることは十分に予想できる**ことです。

株価も１５００円くらいで推移していますから、取得利回りを上げて配当金の利益を増やしていくためには、非常にいい銘柄だと考えています。

【診断⑨】

「トヨタ自動車」（7203）

「右肩上がり」の配当を続ける日本一の巨大メーカー

09

トヨタ自動車は、日本を代表する企業のひとつで、2022年の時価総額は約36・8兆円という日本一の巨大企業です。

現在、4輪車の販売台数で世界のトップを走っており、**国内シェアは3割を超えています。**

配当実績を見ると、リーマン・ショック後の影響もあって、2010年3月期には45円の配当でしたが、その後は順調に配当を積み重ねており、2022年の株式分割（1株を5株に分割）を経て、2022年3月期には148円を出していますから、緩やかではあっても、着実に右肩上がりの状況です。**自社株買いも積極的にやっていますから、株主にとっては非常に恩恵を受けられる状況**が続いています。

トヨタ自動車のウェブサイトでは、次のような文言で株主に対する還元姿勢を示しています。

《当社は、株主の皆様の利益を重要な経営方針の一つとして位置付けており、持続的な成長の実現に向け、引き続き企業体質の改善に取り組み、企業価値の向上に努めています。

配当金については、連結配当性向30％を維持・向上させつつ、安定的・継続的に配当を行うよう努めていきます》

その配当政策の通り、ここ数年の配当性向は30％で推移していますから、今後も利益の拡大が続けば、配当金も自ずと増えてくることになります。

株式分割をする前は、**トヨタ自動車の株価は1株1万円を超えていましたが、現在**

は2000円前後になっているので、非常に買いやすい状態だと思います。

不安材料があるとすれば、**自動車の流れが、ガソリン車からハイブリッド車、さらには電気自動車に向かっている**ことです。

トヨタ自動車を筆頭に日本の自動車メーカーは、これまでエンジン部門で圧倒的な強みを発揮してきましたが、流れが電気自動車に向かっていることで、参入障壁が下がり、電気メーカーなどが一気に参入する可能性が出てきています。

仮にアップルが自動車業界に進出して、iPhoneで操作できるクルマを発売したら、それが自動車業界を席巻してしまうことも考えられます。

日本の自動車メーカーが相当に強い特許を持つならば話は別ですが、現状で考えると、必ずしも堅調な成長が続く保証はないと思っています。

世界的に見れば、「テスラ」などが先行していますから、トヨタ自動車が電気自動車の分野で「どのくらいのブランド力を持てるのか?」をつねにチェックする必要があります。

【診断⑩】

「ＥＮＥＯＳホールディングス」（5020）

「着実」な増配を続けている石油元売りのトップ企業

10

ＥＮＥＯＳホールディングスは、「新日本石油」と「新日鉱ホールディングス」が2010年に経営統合して設立された「ＥＮＥＯＳ」グループの持ち株会社です。

ＥＮＥＯＳは、国内シェア5割を誇る石油元売りのトップ企業です。グループ全体の売上高は2022年3月期で10兆9000億円に達していますが、その**業績は資源価格の変動に影響を受けるため、商社以上に大きく上下動する**という特徴を持っています。

石油価格が安定的に推移していれば収益を得られますが、資源価格が下落した際には、在庫の評価損を計上する必要があるため、減損処理によって赤字になることもあります。

ウェブサイトに掲載されている「株主還元の考え方」は、次のようになっています。

《配当：現状を下回らない配当水準とする》

《総還元性向：3カ年累計在庫影響除き当期利益の50％以上》

原油価格の動きによって、１株当たり利益も大きく変動しますが、ウェブサイトの文言通り、過去10年間の配当実績は「現状を下回らない水準」を手堅く維持しています。

２０１３年３月期が16円で、その後は18円、19円、20円、21円、22円……と、**少しずつ着実に増配している**のが現状です。

株価は４００円台で推移していますが、単位株が１０００株から１００株に変更されていますから、個人投資家でも手が出しやすいと思います。

仮に株価が上がって2倍になっても、最低投資額は10万円くらいのため、株価にとらわれずに、長期的に買い増していくことができます。

ＥＮＥＯＳはクルマを運転する人にとってはお馴染みの企業ですから、この銘柄を持っていると面白い体験ができます。

原油価格が上がると、ガソリン代はアップしますが、その分だけＥＮＥＯＳの利益が増えることで、株価が上がり、配当金も増配される可能性が高まります。

逆に原油価格が下がれば、ＥＮＥＯＳの利益が減るため、株価が下がって、配当金にも影響が出ることが考えられますが、ガソリン代は安くなります。

どちらにしても、恩恵を受けることができるのです。

ＥＮＥＯＳの場合も、トヨタ自動車と同じように、電気自動車の流れが不安材料になることが予想されます。

この先、**ガソリン車が少なくなれば、利益は見込めなくなります**から、企業としてどのように考えて取り組んでいくかは、引き続き注視していく必要があります。

【診断⑪】

「オリックス」（8591）

人気の株主優待を廃止する「多角的経営企業」のトップランナー

11

オリックスは「その他金融業」の業種のトップにいる多角的経営企業の代表格です。パソコンやコピー機などの法人向けリースをはじめ、金融や保険、レンタカー事業など、多種多様な事業を展開しています。

元大リーガーのイチロー選手が、「オリックスが何の会社か知っていますか？」と記者会見の場で逆質問するCMを覚えている方も多いと思います。

個人投資家の間では、ホテルやレストランなどで使えるカタログギフトが株主優待で得られることでも人気を集めていますが、**2024年3月末で株主優待制度は廃止される**ことが決まっています。

現在は、株主優待の人気を背景に個人投資家が増えており、株価も堅調で、業績的にも安定した状態が続いています。

過去の配当実績を見ると、**2014年は23円でしたが、2022年3月期には85・6円**を出しています。

ウェブサイトには、**《2023年3月期の配当予想については、配当性向33％もしくは1株当たり通期配当金85・6円のいずれか高い方》**と記載されていますから、業績の拡大と共に配当金もしっかり増やしている企業と見ることができます。

オリックスの配当方針は、次のようになっています。

《当社は、事業活動で得られた利益を主に内部留保として確保し、事業基盤の強化や成長のための投資に活用することにより株主価値の増大に努めてまいります。同時に、業績を反映した安定的かつ継続的な配当を実施いたします》

ここまで言い切っていますから、**そう簡単には減配はせず、安定的な配当金を見込むことができる**と思っています。

現在は好調な業績が続いていますが、リーマン・ショックの際には株価が90%以上も下落するなど、とてつもない影響を受けています。

2006年4月に3800円前後だった株価が、2009年には1700円まで下落していますから、嫌な思い出として記憶に残っている方もいるかもしれません。

その後、経営の多角化を進めることによって、ゆっくりと10年以上かけて2022年には2600円前後まで回復したというのが現状です。

業績の拡大と共に配当金も増えており、**終了する株主優待についても、その原資を株主還元に充てる方針**とされていますから、そのあたりは問題がないかもしれません。

株主優待の廃止によって、業績と関係なく株価が下がるようであれば、積極的に買いにいってもいいと見ています。

【診断⑫】

「キヤノン」（7751）

大幅な減配を経て、「回復途上」にある精密機器のグローバル企業

12

キヤノンは、カメラやビデオといった映像機器、プリンターや複写機をはじめとする事務機器、デジタルマルチメディア機器などを製造する大手精密機器メーカーです。株主還元に積極的な企業として知られ、これまでは高配当企業の代表格として人気を集めてきましたが、ここ数年は大きな変化を余儀なくされています。

2020年12月期には、為替の円高傾向やプリンター需要の低迷、さらにはコロナショックの影響を受けて、**160円あった配当金を80円に大幅減配**しています。

その後、為替が円安傾向に転じたことや、買収したメディカル事業やネットワーク

カメラ事業の利益上昇などがあって、２０２１年12月期には１００円まで配当を戻して、**２０２２年12月期には１２０円の配当金を出す予定**と発表しているのが現状です。

ウェブサイトでは、《**株主還元は配当を中心に考えています**》と謳っていますから、業績が戻ってくれば、積極的に配当金を出すという姿勢に変わりはないと思います。

大幅減配や株価の急落によって、キヤノンに対して不信感を抱いている人も多いと思いますが、私はまったく逆の見方をしています。

プリンター事業の積極的な成長は見込みづらいと思いますが、メディカル事業やネットワークカメラ事業は堅調ですから、今後も成長していくことが期待できます。

何よりも、グローバル企業として、世界のシェアをしっかりと握っている企業なので、急激な成長は望めないとしても、長期的に株を持ち続けるならば、とくに問題はないと考えています。

【診断⑬】

「JT」（2914）

「連続増配」はストップしたが、海外事業で巻き返しの真っ最中

13

ＪＴ（日本たばこ産業）は、日本国内のたばこ製造を独占している企業です。**国内シェアは約60％**を占めており、積極的なＭ＆Ａによる海外進出によって、海外のたばこ市場のシェアも大幅に拡大させている世界第３位のたばこメーカーでもあります。

ＪＴは株主還元の意識が高い企業として知られており、キヤノンと同じように**個人株主が多い銘柄**のひとつですが、ここ数年は国内男性の喫煙率が30％を下回るなど、幅広い世代で「たばこ離れ」が進んでいるため、大きな転機を迎えています。

２０１９年12月期までは、16期連続の増配を続けていましたが、コロナショックの影響もあり、**２０２０年12月期には連続記録がストップ**しています。

この時点では１５４円の配当金を出していたものの、翌２０２１年12月期は１４０円の配当となって、14円の減配をしています。

２０２２年12月期は、国内外の紙巻きたばこの値上げや為替の円安進行の影響もあって、前期比48円増の１８８円にすると発表していますから、この先どうなるのか……というのが現状の流れとなります。

国内市場だけを見て、「たばこ事業はさすがに斜陽だろうな」と考えている人も多いようですが、私は必ずしも否定的に見ているわけではありません。

たばこは嗜好品ですから、他の嗜好品が多い先進国ほど喫煙率が低くなる傾向がありますが、**発展途上国ではたばこが上位の嗜好品**ですから、まだまだニーズがあると考えているからです。

実際、ＪＴの２０２１年の営業利益の**70％以上が海外のたばこ事業**によるもので、国内たばこ事業の3倍以上を海外で稼いでいます。

今後は、「中国煙草総公司」（中国）や「フィリップ・モリス」（アメリカ）、「ブリティッシュ・アメリカン・タバコ」（イギリス）などのライバル企業と、「どう戦っていくか？」が焦点となります。

JTの場合、株価は下落しても、配当金の極端な落ち込みがあるわけではありません。ウェブサイトによれば、1株当たり利益が増加した際には**《配当性向75％》**と記載されています。

大きな増配は見込みづらいかもしれませんが、利回りは6％前後で推移していますから、「ちょっと高い利回りの銘柄」を求めるのであれば、十分に投資先の候補になると考えています。

【診断⑭】

「大和ハウス工業」（1925）

配当金の「下限」を表明している総合住宅メーカーの最大手

14

大和ハウス工業は、総合住宅メーカーの最大手ですが、数多くのグループ会社を持っており、ホテル事業やレンタル事業、フィットネスクラブやクレジットカードなど、幅広い分野で事業展開している多角的経営企業のひとつです。

1株当たり利益で見ると、2013年3月期は100円ほどでしたが、緩やかな右肩上がりを続けて、2022年3月期には300円を超えて約3倍に伸びています。

それに伴って**配当金も増えており、2013年3月期の35円が、2022年3月期には126円と3倍以上**になっています。

ウェブサイトには、《1株当たり利益を増大させることをもって株主価値向上を図る》という「株主還元に関する基本的な方針」に沿って、次のように明記しています。

《配当性向については、親会社株主に帰属する連結当期純利益の35％以上、かつ一株当たり配当金額の下限は130円として業績に連動した利益還元を行い、かつ安定的な配当の維持に努めます》

要するに、「第7次中期経営計画期間」（2022年度～2026年度）は、「**配当金の下限は130円ですよ。それより下げることはありません**」ということです。

1株当たり利益が増加すれば、自ずと増配することになり、少なくとも減配することはないだろう……と考えることができるのです。

大和ハウス工業がこの分析をした頃は、まだアメリカの金利が安い時期であったため、少し強気の姿勢だった可能性があります。

住宅メーカーは景気に大きく左右される銘柄ですから、内外の金利や景気の動向に注意を払う必要がありますが、この文面から判断すると、その実現に向けて「相当に自信があるのではないか？」と見ています。

その根拠が「豊富な内部留保」によるものか、「自社株買い」によるものかはわかりませんが、配当金の下限を明記する企業はそれほど多くはありませんから、その動きは注目に値すると見ています。

【診断⑮】

「積水ハウス」（1928）

「増配」を続ける多角的化経営の総合住宅メーカー

15

積水ハウスの特徴は、総合住宅メーカーとして「4つのビジネスモデル」で成長戦略を描いている多角化企業という点にあります。

その4つのビジネスモデルは、次のように分類されています。

・「請負型ビジネス」（戸建住宅、賃貸住宅、建築・土木事業）
・「ストック型ビジネス」（リフォーム、不動産手数料事業）
・「開発型ビジネス」（分譲住宅、マンション、都市再開発事業）
・「国際ビジネス」（アメリカ、オーストラリア、イギリス、シンガポール、中国で住宅事業を展開）

2021年の売上高は2兆5895億円ですが、その内訳は、請負型ビジネス38・6％、ストック型ビジネス28・6％、開発型ビジネス14・9％、国際ビジネス15％とウェブサイトに掲載しており、「どの事業が利益に貢献しているのか？」を明らかにしているところが個人的には好感が持てます。

前にも触れた通り、ストック型ビジネスは景気に左右されないという強みがありますから、**それが利益の4分の1を超えているということは、住宅の冷え込みがあった時にも収益が得られる構造になっている**と考えています。

積水ハウスの場合、2013年1月期の1株当たり利益は118円でしたが、

２０２１年の１月期は２６０円ですから、２倍以上に成長しています。

配当金も２０１３年１月期に28円だったものが、２０２３年１月期には１０４円と３倍以上になり、この間は一度も減配することなく、連続増配しています。

配当性向は40％ほどで推移しており、ウェブサイトでは、「株主還元に関する基本方針」として《**中期的な平均配当性向を40％以上とするとともに、機動的な自己株式取得を実施することで株主価値向上に努めます**》と表明しています。

積極的な還元が見込めるだけでなく、１株当たり利益の拡大と共に増配も期待できると見ていますが、事業内容が住宅事業がメインですから、大和ハウスと同じように、今後の世界の景気動向を注視しながら投資していく必要があります。

おわりに

明確な目標を定めることの重要性

配当株投資で成果を得るためには、自分のライフスタイルや「こうありたい」という未来予想図を思い描いて、明確な目標を設定することが重要です。

その目標は、「1カ月1万円」でも、「年間100万円」でもいいと思います。

大事なことは、漠然と「もう少し小遣いを増やしたい」と考えるのではなく、「1カ月3万円の小遣いを増やしたい」など、明確に目標を定めるという点にあります。

明確な目標を設定すれば、それを達成するために「自分はどうすればいいのか?」を冷静に考えることができます。

これが本文で紹介した「自分の軸を持つ」ことの原点になります。

自分の軸を持って、明確な目標に向かって着実に突き進む……。

配当株投資の成否は、この1点にかかっていると思います。

明確な目標を設定して、自分の軸を持っていれば、配当株投資を続けていくモチベーションの維持につながるだけでなく、メンタル面でも効果があります。

「配当株投資は株価の動向に左右されない」と頭ではわかっていても、目の前で自分の持ち株が下がれば、少なからず動揺してしまうものです。

誰かがアップした「大型株は伸びシロがない」というツイートを読めば、それだけで不安な気持ちになることもあります。

そんな時に、自分の軸さえブレなければ、「**株価が下がったから、今は買い増すチャンスだな**」とか、「**大型株はこれだけの成長をしているようだな**」と冷静に状況を見極めることができます。

配当株投資は10年~20年先を見据えた長期投資ですから、目先の株価や周囲の雑音に振り回されることなく、淡々と自分が信じた企業の株を買い進めていくことが重要です。

明確な目標を持って、自分の軸をブラさずに、**最低でも10年間はひたすら株を買い進めていくことが、配当株投資のすべて**だと思います。

「地盤固め」ができたら、成長株にも投資できる

配当株投資は、ある意味では「**欲との闘い**」でもあります。

自分が設定した目標をクリアすると、次の目標、さらにその次の目標を目指したくなって、際限がなくなります。

それはそれで楽しいことだと思いますが、本文でも紹介したように、配当金で一定の地盤固めができたら、その次のことに踏み出す金銭的、気持ち的な余裕が生まれます。

「私が何をやっているか?」について、ここで簡単にお伝えしておきます。

現在、配当株投資をやっている人は、キャピタルゲインで痛い思いをしたことによって、配当株投資を選択している人も少なくないと思いますが、私も例外ではありません。

その昔、成長株に投資していた頃は、自分が稼いだ給料の中から投資資金を捻出して、迷いながら株を買って痛い思いをしていましたが、現在は投資先の企業から振り込まれる**配当金を原資にしていますから、軽い気持ちで「痛い目を見にいける**」という感じです。

自分が「応援したい」とか、「経営者の考え方が好きだな」と思える企業の株を買って、株価が上がったり、配当金が得られれば、それもよし。

仮にダメでも、その資金はもともとが不労所得であって、来年になればまた配当金が入ってきますから、「あぁ、面白かったけど、ダメだったな」くらいの軽いダメージで済みます。

どちらに転んでもいろいろな経験ができる……と思って楽しくやっているのです。

現在は手持ち資金の10%程度くらいを使って、配当株以外の投資をしています。

その感覚は、ひとつの会社をイメージしてもらうとわかりやすいかもしれません。

会社を上手に回していくためには、まず本業の地盤を固めることが最優先の課題であり、そこがある程度まとまってきたら、10年後、20年後の事業の柱にするために、新規事業にも目を向けて、新たに資金を投入していきます。

私にとっての成長株投資は、まさに新規事業という感じです。

日常生活の中で、テレビを観たり、新聞を読んだり、SNSを見たりしている時に、何か新しい商品や人気が出そうな商品を発見したら、その発売元の企業を調べて、素早く投資することもあります。

自分が気になる企業が成長していく過程を見ていくことは、投資のもうひとつの楽しみでもあるからです。

地道に進めていけば、やがて目標達成の日がやってくる

この本の最後に、私が伝えたかった配当株投資で成果を得るためのポイントを、ここでまとめて整理しておきます。

大事なことは、次のような6つとなります。

①配当株投資は最低でも10年は必要な長期投資であること

②明確な目標を設定して、そこに向かって株を買い続けること
③最低でも10年は持ち続けられる銘柄を選ぶこと
④自分の軸を持って、株価の動向に一喜一憂しないこと
⑤無理なく自分のペースで株を買い続けること
⑥目標を達成する前に途中で諦めないこと

コツコツと地道に株を買い進めていけば、やがて目標の金額を達成できる日がやってきます。

それがいつかは、その人のペースによって異なりますが、大事なことは、その日を楽しみにしながら配当株投資を前に進めていくことです。

ストイックな毎日を送る必要は一切ありません。

時には、配当金でちょっと贅沢をしてみたり、家族やパートナーと旅行に行ったりしながら、気長に向き合うことが大切です。

目標を達成できる日は、一歩一歩、着実に前に向かって歩んだ先に待っているのです。

カバーデザイン
金澤浩二

本文デザイン・DTP
鳥越浩太郎

カバー・本文イラスト
オザキエミ

編集協力
関口雅之

[著者略歴]

配当太郎（はいとう・たろう）

投資家。学生時代に株式投資を始め、リーマン・ショックを経て、配当株投資に目覚める。大型株を中心に投資し、保有銘柄の9割は配当金が年々増える「増配銘柄」が占める。Twitterのフォロワーは7万5000人超。毎日、配当株投資に関する情報を発信している。本書が初の著書となる。

年間《ねんかん》100万円《まんえん》の配当金《はいとうきん》が入《はい》ってくる 最高《さいこう》の株式投資《かぶしきとうし》

2023年2月11日　初版発行
2023年3月7日　第5刷発行

著　者　配当太郎

発行者　小早川幸一郎

発　行　株式会社クロスメディア・パブリッシング
〒151-0051 東京都渋谷区千駄ヶ谷4-20-3 東栄神宮外苑ビル
https://www.cm-publishing.co.jp
◎本の内容に関するお問い合わせ先：TEL(03)5413-3140／FAX(03)5413-3141

発　売　株式会社インプレス
〒101-0051 東京都千代田区神田神保町一丁目105番地
◎乱丁本・落丁本などのお問い合わせ先：FAX(03)6837-5023
service@impress.co.jp
※古書店で購入されたものについてはお取り替えできません

印刷・製本　中央精版印刷株式会社

ISBN978-4-295-40791-1　C2033